JN437875

풀러

The Great Erangelist Charles Fuller's Life & Missions

임 윤 택 지음

영혼을 목숨보다 더 사랑한 열정의 복음 전도자
세계적인 선교의 심장 풀러신학교를 세운 찰스 풀러의 일대기

풀러

초판 1쇄 발행 2009년 9월 20일

지은이 임윤택
펴낸이 장주희
펴낸곳 아이러브처치
디자인 아트엘
전화 0505)267-0691
팩스 032)505-6004

등록번호 제 354-2009-000006호
등록일 2009년 5월 1일 (최초등록일 2005년 2월 17일)

홈페이지 www.churchbook.net
이메일 churchbook@hanmail.net

값 14,000원

ISBN 978-89-92367-58-5 03230

"아이러브처치(ilovechurch)는 예수 그리스도가 주인인 교회를 사랑하며, 마지막 '때'(마 24:14)의 사명을 감당하고자, 믿음의 식구들과 함께 기도하며 준비하는 선교단체입니다. 아이러브처치는 찬양을 통한 영적회복, 도서를 통한 영적 강건함, 문화를 통한 복음화, 그리고 세계선교의 비전을 추구합니다."

풀러

The Great Erangelist Charles Fuller's Life & Missions

찰스풀러

차례

추천사_1

위대한 복음전도자에 대한 이야기

찰스 풀러는 방송 전도자이다. 방송을 통해 전 세계에 복음을 전했다. 당대를 풍미하던 방송 프로그램 〈Old Fashioned Revival Hour〉를 방송하던, ABC 방송국의 자체 집계에 의하면 매 주일 2,000만 명 이상이 찰스 풀러를 통해 복음을 들었다. 해외 방송국 네트워크를 통하여 적어도 1,000만 명이 매주 방송을 청취했을 것으로 추정한다. 2,000만 명이라는 숫자는 당대를 대표한 무디 선생이 평생 동안 복음을 전한 숫자보다 많다. 이런 말씀사역을 30년 동안 계속하였다. 이것이 찰스 풀러의 방송설교 사역이다. 빌리 그래함이 TV시대를 대표하는 방송 설교자라면, 그 전 세대인 라디오 시대를 대표하는 설교자는 찰스 풀러이다.

찰스 풀러는 복음을 통한 구원을 설교했다. 방송을 통해 찬송했다. "기쁜 소리 들리니 예수 구원하신다. 만민에게 전하라 예수 구원하신다!" "예수가 우리 부르는 소리 그 음성 부드러워" 찰스 풀러는 설교를 마칠 때마다 찬송으로 죄인들을 불렀다. 사람들을 주님 앞으로 인도했다. 나는 풀러신학교 총장으로서, 설립자이신 찰스 풀러 박사의 복음비전을 지켜나가기 위해 최선을 다하고 있다.

오늘도 사람들은 길을 잃고 방황하고 있다. 자신이 누구인지 알지 못하고, 생의 의미와 목적을 잃어버리고, 돌아갈 집이 없는 이 시대 인생들에게 전해야 할 메시지가 있다. 우리는 무엇보다 그들이 부드러운 주님의 음성을 들을 수 있도록 전해야 한다. 이 일을 위해 신학교가 나서야 한다. 교회 모두가 나서야 한다. 다른 교회들과 함께 하나님의 인도하심을 통해, 교회갱신이 이루어져 주님의 마음을 갖고 상처와 눈물로 얼룩진 세상을 바로 볼 수 있어야 한다. 가정 내 폭력과 성폭행에 상처 입은 사람들, 인종과 종족간의 분쟁, 중국교회의 고통, 신앙의 자유를 잃은 동부 유럽의 현실, 죄 가운데서 허덕이는 인생들을 보면서 우리는 아파하시는 주님의 마음을 가져야만 한다. 이 마음이 찰스 풀러의 마음이다.

풀러신학교는 찰스 풀러의 마음을 가진 복음 공동체이다. 죄인을 용서하고 맞으시는 구세주의 부드러운 은혜를 맛본 남녀의 무리들이 창조적 긴장감을 갖고 새로운 복음전도 방법을 배우고 익혀 상처입고 일그러진 세상 가운데 하나님의 능력을 받아, 하나님의 선하신 인도하심을 따라 인내함으로 섬기는 종들의 고향이다. 이것이 우리가 새롭게 인식해야 할 우리 시대를 위한 '하나님 나라를 위한 교육'이다.

미국사람들은 찰스 풀러에 대해 잘 알고 있다. 특히 나이든 사람들은 아직도 그를 사랑한다. 임윤택 박사가 저술한 이 책은 전파라는 신기술을 복음전도에 접목하여 영혼 구원의 놀라운 역사를 이룬 찰스 풀러 박사를 잘 알지 못하는 한국 독자들에게 소개하는 이야기이다. 자신의 모든 것으로 주님을 사랑하고 복음으로 잃어버린 영혼을 구원하기 원했던 찰스 풀러, 그의 이야기는 위대한 믿음의 사람에 대한 이야기이다. 내가 여러분 모두에게 들려주고 싶은 이야기이기도 하다. 그런데 나는 한국어가 부족해서 그리 할 수 없다. 내가 처음 한국을 방문했을 때 나의 공식 한국어 통역관이었고, 지난 20여년을 풀러에서 함께 한 임윤택 박사가 나를 대신해서 유창한 한국어로 찰스 풀러를 소개하게 된 것을 기쁘게 생각한다.

리처드 마우(Richard J. Mouw, Ph.D.)

풀러신학교 총장

추천사_2

복음을 복음 되게 한 설교자

나는 오랫동안 자주 중국을 방문했다. 어려운 가운데 신앙을 지키며 살아가는 초대교회 성도들을 격려하기 위해서였다. 중국을 방문할 때마다 오히려 내가 격려를 더 많이 받았다. 나를 만나기 위해 수십 시간 기차를 타고 찾아오는 사람들은 이구동성으로 말한다.

"곽 목사님, 방송설교 잘 듣고 있습니다. 얼마나 은혜를 많이 받았는지 모릅니다. 이렇게 직접 만나 뵙게 되니 영광입니다. 목소리가 방송과 똑같으시네요. 저에게 하나님의 말씀을 들려주시고, 복음을 알게 해 주시고, 복음 안에서 주님을 만나게 해 주셔서 감사합니다. 저는 목사님의 설교를 들을 때마다 노트에 받아씁니다. 그리고 다른 사람들에게 그대로 전해주기도 합니다."

나는 방송선교를 통해 방송설교의 위력을 직접 경험했다. 방송은 대단한 힘을 가지고 있다. 특정지역에서의 방송선교는 복음전도에 가장 효과적인 방법이 될 수 있다고 확신한다.

찰스 풀러 목사님은 내가 태어나기도 전인 1924년부터 방송선교를 시작하신 분이다. 당대를 풍미한 대설교가였다. 세계대전의 후유증과 경제공황 그리고 한국전쟁 등으로 삶의 의미를 잃고 방황하던 사람들에게 하나님의 말씀으로 하나님 말씀이 되게 하신 분이었다. 수많은 영혼을 주께 인도한 하늘의 별과 같은 분이었다. 경건한 가정에서 자란 그는 생사의 길을 넘나들며 복음전도자가 되었다. 평생 복음을 위해 살았다. 찰스 스펄전과 무디 선생의 계보를 잇는 전도자가 되었다. 무디 선생의 후계자인 루벤 토레이 교수의 지도를 받고 하나님의 말씀을 말씀되게 하는 설교자가 되었다. 그는 복음을 방송에 실었다. 남극에서 북극까지 전 세계를 방송망으로 연결하여 그리스도의 피 묻은 복음을 전했다.

선교를 위해 전 재산을 헌납하신 아버지 헨리 풀러 정신으로 선교사를 돕고 설교자를 양성했다. 무엇보다 다음 세대를 위해 인물을 키우신 분이었다. 젊은 빌리 그래함을 격려하고 후원했다. 네비게이토 창시자인 젊은 트로트맨을 격려하고 후원했다. 그리고 아들 친구인 빌 브라이트를 격려하고 후원했다. 풀러신학교를 세워 세계적인 일꾼들을 길러냈다.

찰스 풀러는 1968년 3월, 주님 품에 안겼다. 내가 풀러에서 박사과정 학생으로 공부하던 1970년대 초에는 직접 만나 뵐 수 없었다. 하지만 풀러의 정신은 살아있었다. 하나님의 말씀을 말씀되게 하여, 영혼을 구원하는 설교자의 정신이 숨 쉬고 있었다.

이번에 풀러를 사랑하는 임윤택 교수가 설립자인 '찰스 풀러'에 대해 썼다. 우리는 한국 지도자들에게 알려지지 못하고 역사의 뒤안길로 사라질 뻔했던 찰스 풀러 목사님의 이야기를 들을 수 있게 되었다. 소박한 필체로 찰스 풀러의 생애를 그려낸 노고를 치하하여 자랑스럽게 생각한다. 찰스 풀러가 가졌던 선교적 사명과 복음적 설교자 정신을 함께 나누기 원하여 기쁘게 추천한다.

곽선희 목사(소망교회 원로목사)

추천사_3

마지막 남은 한 영혼을 위한 열정

수년 전에 임윤택 박사가 우리 집을 방문했다. 그는 고인이 되신 나의 아버님, 찰스 풀러 목사 이야기를 저술한다고 했다. 그때 나는 오래 전 소천하신 아버님과의 아름다운 추억들을 회상하며 장시간 인터뷰를 했다. 나는 임 박사에게 아버님께서 평생 설교를 준비하시던 책상에 놓아두셨던 밴조를 연주하는 목각 곰 인형을 선물했다. 우리 만남은 무척 기쁜 만남이었다. 이번에 임 박사가 아버님 묘지를 방문했다는 소식과 함께, 책이 출간되어 한국독자들을 만나게 된다는 소식을 전해왔다. 작은 감동이 몰려왔다. 아버님께서도 함께 기뻐하시리라.

이 책을 통해 독자들은 하나님께서 라디오 방송을 통하여 전 세계에 복음을 전하기 위하여 사용하신 하나님의 사람을 만나게 될 것이다. 아버님은 1938년부터 1967년까지 전 세계 방송네트워크를 통하여 복음을 선포하셨다. 아버님의 방송사역에 두드러진 특징이 있다면, 잃어버린 영혼들에게 복음의 말씀을 전하여 하나님과 화목하고 자녀가 되게 하려는 불타는 열정이다. 영어를 알아듣지 못하는 사람들도 아버님의 방송설교를 잠시라도 들으면 복음전도의 긴박성을 느낄 수 있을 정도였다.

나는 아버님께서 복음을 향한 열정이 살아있는 한국교회를 바라보시며 크게 기뻐하실 것으로 믿는다. 한국교회의 부흥운동, 기도운동, 소그룹운동, 복음전도와 선교운동을 자랑스럽게 여기실 것으로 믿는다. 무엇보다도 한국교회의 수많은 지도자들이 아버님께서 캘리포니아 패서디나에 설립하신 풀러신학교에 와서 공부하는 모습을 바라보시며 기뻐하실 것이다. 아버님께서 전 세계에 복음을 전하시기 위해 혼신의 힘을 다하셨던 방송사역에 관한 이야기가 한국어로 출간되는 것에 행복해 하실 것이다.

하나님의 사역은 어려운 시기에 더욱 빛을 발한다. 찰스 풀러 목사의 방송사역은 40년 동안 계속되었다. 그동안 미국은 경제공황을 겪었다. 1차, 2차 세계 대전과 한국전쟁 등 세 번의 전쟁을 치루며 모두가 힘든 나날을 보내야했다. 여러 어려움들은 복음에 대한 수용성을 높여주었다. 찰스 풀러 목사의 방송사역은 하나님께서 행하신 놀라운 일이었다. 지금도 하나님께서는 어려움 가운데 위대한 일을 이루신다. 나는 이 책이 한국교회 지도자들에게 격려가 될 수 있기를 소망한다. 우리는 다시 어려운 시기를 맞고 있다. 힘들지만 어려움을 무릅쓰고 땅 끝까지 복음을 전하기 위해 나가는 한국교회 사역자들에게 아버님의 헌신과 사역 이야기가 좋은 본보기가 되어 하나님의 영광이 드러날 수 있기를 소망한다.

나는 이 책을 위해 기도한다. 더 많은 한국독자들이 복음을 전하라는 하나님의 뜻에 순종할 수 있기를 위해 기도한다. 한국교회와 지도자들을 더욱 귀하게 사용해 주기기를 위해 기도한다.

다니엘 풀러(풀러신학교 명예 신학대학원장, Ph.D.)

추천사_4

천국에서도 설교하시는 영원한 설교자

나는 찰스 풀러 목사님을 사랑하고 존경한다. 풀러 목사님은 내가 어렸을 적 어머님께 물려받은 신앙유산 가운데 하나이다. 어머님은 풀러 목사님을 엄청 좋아하셨다. 하나님의 말씀, 천국의 말씀을 직접 전해주시는 설교자로 믿었다. 지금 풀러 목사님은 천국에 계신다.

풀러 목사님을 향한 나의 사랑은 적극적인 사랑이다. 나는 풀러신학교 영빈관에 그 분이 남기신 유품들을 모아 전시한 작은 도서관을 만들었다. 작은 방송 스튜디오를 만들어, 그분이 평생 하셨던 〈부흥의 시간(Old Fashioned Revival Hour)〉 방송사역을 다시 시작했다. 나는 청취자 편지가 오면 기쁘다. 요즘도 풀러 목사님 앞으로 청취자 편지가 온다. 풀러 목사님께서 오래 전 설교하신 설교가 재방송 형식으로 나가고 있는 줄 모르는 사람들은 풀러 목사님께 편지로 감사를 표시하기도 하고 개인적인 신앙상담을 요청하기도 한다. 직접 전화를 걸어오는 사람들도 있다. 나는 풀러 목사 대신 전화를 받고, 그 분은 지금 천국에서 쉬고 계신다고 말한다.

나는 방송국 직원들과 함께 오래된 방송 테이프들을 구워 살려내는 비법을 터득하였다. 전자레인지를 이용하여 오래된 방송 테이프를 적당히 굽는 신기술로 풀러 목사님의 아날로그 설교들을 모두 디지털 방식으로 바꾸었다. 그분의 설교는 성경본문을 주해하고 성경으로 성경을 해석하는 설교이기에 지금 들어도 전혀 문제가 없다. 우리가 오래된 성경을 읽는 것처럼 오히려 친숙함이 느껴진다. 나는 지금 풀러 목사님의 설교 방송 스튜디오를 운영하며 무척 행복하다.

풀러 목사님은 천국에 계신다. 하지만 지금도 매주일 여러 방송국을 통해 설교하신다. 〈부흥의 시간(Old Fashioned Revival Hour)〉은 풀러 목사님의 분신과 같다. 이 책에 포함된 음반은 풀러 목사님의 설교와 함께 방송에 나갔던 것들이다. 우리 주님께서 하나님 우편에 계시면서 우리에게 말씀하시듯 풀러 목사님은 천국에서 매주일 방송으로 설교하시는, 영원한 현역 설교자시다.

나의 20년 지기 친구 임윤택 교수가 풀러 목사님 이야기를 〈풀러〉라는 제목의 한국어로 출간하게 된 것을 기쁘게 생각한다. 나는 진정한 풀러맨인 그가 풀러 목사님을 나만큼 깊이 사랑하고 존경하고 있다는 사실을 잘 알고 있다. 그래서 내가 가지고 있는 자료들을 모두 기쁘게 제공했다. 이 책을 통하여 천국의 메시지를 듣고, 천국에서 설교하시는 풀러 목사님을 향한 사랑이 더욱 깊어질 수 있기 바란다. 우리의 마음이 천국을 향해 열려져 주님의 마음을 닮아가기 바란다. 풀러 목사님처럼 주님의 기쁜 소식을 온 세상에 전할 수 있기를 바란다.

커트 로버츠(Curt Roberts, 풀러기념관장)

들어가는 말

1930년대 라디오 기술은 실로 혁명적이었다. 시공간을 초월하여 하나님의 말씀을 전할 수 있게 했다. 라디오 방송을 복음전도에 접목함으로 놀라운 일이 일어났다. 상상할 수 없는 새로운 역사의 장이 열린 것이다.

모두가 잠든 깊은 밤, 누군가가 풀러를 깨웠다. 그는 마음이 무거워짐을 느꼈다. 영적인 부담 때문이었다. 하나님께서 그에게 모든 민족과 백성에게 복음을 들고 나갈, 젊은 선교사와 전도자를 훈련하라는 비전을 주신 것이다. 그는 하나님께서 주시는 명령에 속히 순종하기 원했다. 8년 동안의 준비 과정을 통해 풀러신학교가 설립되었다. 그러고 나서 18년 후에 풀러선교대학원이 설립되었다. 그는 학교가 성장해 가는 모습을 20여 년 동안 지켜보며 행복했다.

그는 말씀의 사람이요 믿음의 사람이다. 언제나 복음을 위해 최선의 방법을 선택했다. 무시로 기도했다. 그의 도전적인 삶과 믿음의 용기는 우리를 숙연하게 한다. 복음에 대한 절대적 충성은 우리를 뜨겁게 한다. 성경에 대한 확신은 믿음을 준다. 아버지 헨리에 이은 찰스 풀러의 선교에 대한 열정과 헌신은 우리의 가슴에 불을 지핀다.

이 땅에 남은 마지막 영혼을 주께 인도할 수 있게 해 달라는 찰스 풀러의 간절한 기도는 우리의 마음을 저리게 한다. 그는 모든 영광을 하나님께 돌리고, 자신은 한없이 낮아지고자 했던 겸손한 사람이었다. 한없는 아버지의 사랑으로 집을 나가 버려진 영혼들에게 집으로 돌아오라고, "집으로 돌아오라! 왜 집으로 돌아오지 않느냐?" 부르짖었던 예수님의 사랑을 실천한 사람이었다. 또한 그는 평생을 멸망을 향해 가는 군상들을 보며 눈물을 흘리며 아름다운 사랑을 전했다. 그리고 최신의 기술로 복음을 전하기 원했던 창의적인 사람으로 담대한 믿음과 자신의 한계를 아는 겸손한 지도력으로 대중들에게 영향을 주었다.

지금은 모두 잊힌 역사의 뒤안길로 사라졌다. 누구도 불러주지 않는 잊힌 이름이 되었다. 역사책에 풀러신학교 설립자로만 기록된 사람 찰스 풀러, 사실 그는 영적 거장이었다. 말씀의 사람이었고 눈물의 선지자였다. 마지막 영혼을 위해 모든 것을 바친 사람, 그의 비전과 사랑을 그리고 싶었다. 그는 나의 가슴에 복음과 영혼사랑에 대한 불을 지폈다.

다니엘 풀러는 찰스 풀러의 아들이다. 성서학자로 평생 풀러신학교에서 가르치고 은퇴하였다. 이 책을 위해 그를 그의 자택에서 만났다. 현재 2만 명이 넘는 한국 선교사들이 해외선교사로 활동하고 있으며, 선교

지도자들이 풀러신학교에 와서 공부한다는 이야기를 나누었다. 얼굴이 밝아진 다니엘 풀러는 아버지 찰스 풀러를 대신하여 말했다. "지금 이 자리에 찰스 풀러 목사님께서 계시다면, 세계 선교를 위해 한국교회 선교 지도자들이 풀러신학교를 통해 훈련되고, 복음이 한국교회를 통해 세계에 전파되고 있다는 사실에 아주 기뻐하실 것입니다. 이것은 찰스 풀러 목사님의 해외 선교사들을 위한 기도가 응답된 결과입니다. 찰스 풀러 목사님은 오늘, 이렇게 제가 임 목사를 만나 그분의 비전과 삶에 대해 이야기하는 것에 아주 감격해 하실 것입니다."

시간이 많이 흘렀다. 지난 7년 동안 나는 찰스 풀러 이야기를 준비하며 기뻤고, 나누며 행복했다. 이 책을 쓰면서 나는 찰스 풀러와 함께 긴 여행을 다녀 온 것 같은 친근함을 느낀다. 그와 함께 기뻐하고, 그와 함께 아파하며 눈물을 흘렸다. 그의 깊은 고뇌와 믿음의 용기에 감동했다. 무엇보다 그의 부드러운 사랑의 마음을 가까이 느낄 수 있었다. 한 시대를 풍미한 위대한 신앙 인격을, 시공을 초월하여 느낀다는 것은 놀라운 경험이었다. 찰스 풀러의 이야기는 언제 들어도 은혜롭고 감동적인 이야기이다. 그의 이야기 가운데 담대한 믿음의 도전, 사랑의 용기, 말씀과 영혼에 대한 열정 그리고 잃어버린 영혼을 향해 부르는 사랑의 절규가 하나로 아우러진다.

나는 이 책을 쓰면서 너무 부족함을 느꼈다. 하지만 소명처럼 다가온 열기를 식힐 수 없어 나의 부족함을 드러내는 실수를 다시 하고 말았다. 이 책을 준비하면서 감사한 분들이 참으로 많다. 무엇보다 찰스 풀러 목사의 아드님이신 다니엘 풀러 은퇴 교수님의 개인적인 도움을 많이 받았다. 성경 해석학자인 다니엘 풀러 박사는 역사적인 방법론을 동원하여 3년에 걸쳐 아버지의 전기를 기록으로 남겼다. 그의 전기인 "바람들아 전하라"는 소중한 기본 자료가 되었다. 아버지 풀러의 역사의 현장에 있었기에 누구보다 귀한 이야기를 들려주었다. 그가 1930년 이후에 일어난 일들을 개인적인 경험으로 간직하고 있었기에 역사적으로 신뢰도가 높은 자료를 구할 수 있었다. 나는 이전에 쓰인 전기들과 다른 자료들도 함께 사용하였다. 다니엘 풀러 박사는 저자를 자택에 초청하여 기꺼이 인터뷰에 응해주셨다. 전화와 이메일 등으로 많은 시간을 내주셨다. 다시 한 번 머리 숙여 감사드린다.

찰스 풀러 기념 도서관을 아담하게 꾸미고 새롭게 풀러 목사의 방송

사역(Old Fashioned Revival Hour)을 시작한 커트 로버츠(Curt Roberts)씨의 열성적인 도움도 큰 격려가 되었다. 그는 오디오 및 비디오 자료 이외에 많은 도움을 주었다. 그 외에 케이트(Kate)와 필립 고프(Philip Goff) 박사의 역사적인 자료도 도움이 되었다. 마스던 교수의 역사적 기술은 근본주의와 복음주의에 대한 큰 흐름을 이해할 수 있도록 도와주었다. 또한 찰스 풀러 가까이에서 아들처럼 방송 사역을 돕고, 풀러 1회 입학생인 딕 브라운(Dick Brown) 목사와의 인터뷰를 통해 역사적인 배경을 이해할 수 있게 되었다. 그 이외에 많은 저자와 학자들에게 빚을 졌다. 그들의 저술들과 조언은 좋은 자료가 되었다.

나는 이 이야기를 통해 찰스 풀러의 뜨거운 영혼사랑과 복음에 대한 열정을 함께 나누고 싶다. 마지막 남은 최후의 영혼까지 사랑하는 영혼의 절규를 나누고 싶었다. 가능한 신뢰도가 높은 역사적 자료들을 선정하여 사용하려다 보니 특히 다니엘 풀러의 자료를 많이 사용하게 되었다. 그러나 객관적인 시각을 견지하려고 노력하였다. 하지만 짧고 간결하게 쓰려다 보니, 자세한 배경 설명이나 복잡한 신학적 이슈들에 대한 내용을 충분히 다 다루지 못하여 방대한 찰스 풀러의 삶을 너무 단순화

시키지 않았나 하는 염려가 되기도 한다. 이것은 저자가 가진 극복할 수 없는 한계이다. 부족한 사람이 이야기에 열을 올리다보니 아쉽고 미진한 부분들이 너무 많다. 잘못된 책임은 모두 저자에게 있다. 독자 여러분들의 너그러운 이해를 구한다.

이 책이 빛을 볼 수 있도록 자신의 일처럼 나서서 도와준 가진수 목사께 감사한다. 그의 섬세한 손길과 예술적 감각이 이 책을 빛나게 했다. 추천사를 써 주시고 격려해주신 리처드 마우(Richard Mouw) 총장님, 곽선희 목사님, 다니엘 풀러 박사님 그리고 커트 로버츠(Curt Roberts)씨께 심심한 감사를 올린다.

선지동산 풀러신학교에서 임윤택

1부

나의 사랑 나의 가족

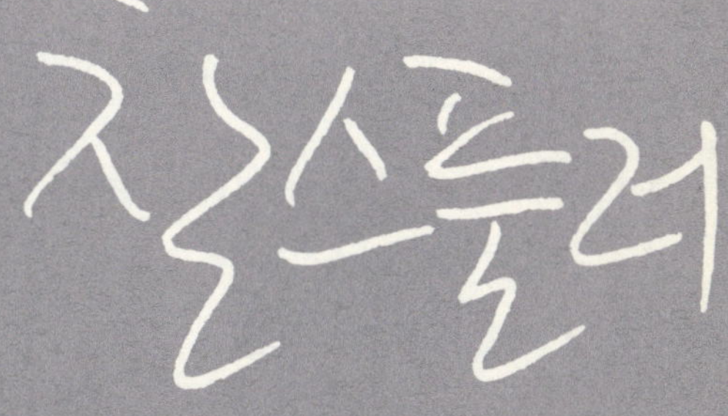

chapter 1

나의 사랑 나의 가족

1. 본향을 향하여

1967년 4월 7일. 풀러신학교는 개교 20주년을 맞았다. 500여명의 교계 지도자들, 1,000여명의 졸업생이 한 자리에 모였다. 뜻 깊은 행사였다. 장소는 헌팅턴 '쉐라톤 호텔'이었다. 이 기념행사를 위해 특별히 초대한 설교자가 있었다. 당시 풀러 재단이사로 봉사하던 빌리 그래함 목사였다. 그는 설립자 찰스 풀러와 초대 총장인 헤롤드 오켕게 박사의 놀라운 업적을 기리며, 개인적으로 이 두 분에게 많은 은혜를 입었다고 감사했다.

● 빌리 그래함과 함께

"저는 아직 어리고 사역을 시작한 지 얼마 되지 않았습니다. 제 설교를 통해 도움을 받은 사람은 아직 그리 많지 않습니다. 그러나 찰스 풀러 목사님과 오켕게 박사님의 삶과 모범적인 설

● 빌리 그래함과 찰스 풀러

교는 저의 인생과 사역에 깊은 영감을 심어주셨습니다. 말씀을 들을 때마다 큰 감동과 은혜를 경험하게 했습니다. 저는 이 두 분을 멘토로 모시게 된 것을 축복이라고 생각합니다. 제가 스승으로 모시는 두 분께서는 각각 독특한 방법으로 저의 복음전도 사역을 격려해 주시고 도와주셨습니다. 지난 여러 해 동안, 힘든 일이 있을 때마다, 저는 이 두 분을 자주 찾아갔습니다. 조언을 구했습니다. 아마도 두 분께서는 다 기억하시지 못하고 계시겠지만, 아직 젊고 서투른 젊은 설교자의 수많은 고민들을 한 번도 바쁘다고 거절하시지 않으셨습니다. 언제나 기다렸다는 듯이 저를 위해 시간을 내어 주셨습니다. 그리고 세심하게 들어주셨습니다. 저는 이 시대에 교계에서 가장 존경받아야 할 어른이 있다면, 이 두 어르신이라고 믿습니다. 여러분께서 잘 아시는 바와 같이, 1933년, 미국 교회당은 텅 비어있었습니다. 교회 재정은 바닥을 치고 있었습니다. 수많은 교회들이 존폐의 기로에 서 있었습니다. 새로 시작된 라디오 방송에는 복음 방송 프로그램이라고는 하나도 없었습니다. 기독교 기사는 신문에서 거의 다루어지지 않았습니다. 기쁜 소식이 없었습니다. 그 때 우리는 경제 불황을 이야기하고 있었습니다. 무엇보다도 경제공황보다 더한 영적 공황 가운데 어찌할 바를 모르고 헤맸습니다. 좌절하고 낙심했습니다. 그런 광야와 같은 세상을 향해 외치는 소리가 있었습니다. 매 주일 라디오를 통해 전파된 찰스 풀러 목사님의 음성은 광야에서 외치는 세례 요한의 절규였습니다. 예수 그리스도의 구원의 복음은 전파를 타고 전 세계로 퍼져나갔습니다. 저는 어릴 적부터 그 방송을 들었습니다. 매번 들을 때마다, 저는 혼자 이런 생각을 했습니다. 지금 내가 듣고 있는 저 유명한 설교자를 직접 만나 뵐 수 있다면 얼마나 좋을까! 그분과 악수를 할 수 있다면 얼마나 행복할까! 그 아이의 꿈이 이루어졌습니다. 하나님의 인도하심으로 저는 그분을 가까이 만날 수 있었습니다. 개인적으로 찰스 풀러 목사님을 만난 것이 얼마나 큰 자랑인지 모릅니다. 주님께서 허락하신 만남입니다."

"풀러 박사님은 따뜻한 분입니다. 수 천만 명의 가정과 삶 속에 가까운 친구로 다가왔습니다. 방송을 들으며 우리 모두는 가까워진 친근감을 느꼈습니다. 그 분께 가까이 가면 갈수록 그 분의 삶속에 향기가 넘쳐나고 있음을 느꼈습니다. 그리고 그분의 삶의 태도가 방송에서 들은 설교 말씀과 일치하는 것을 확신하게 되었습니다. 저는 그레이스 사모님에 대해서도 잘 알게 되었습니다. 사모님은 이 시대를 빛낸 위대한 믿음의 여인이었습니다. 제가 믿는 성경 말씀대로 사모님은 지금 천국에서 오늘 밤 벌어지는 이 잔치를 내려다보시며 우리와 함께 기뻐하고 계십니다. 우리는 오늘보다 더 큰 천국잔치에 참여하게 될 것입니다. 그 때, 우리 주 예수 그리스도께서 각자에게 상을 주실 것입니다. 그리고 우리는 천국에서 하나님의 은혜를 영원히 찬양하게 될 것입니다."

이미 노인이 된 찰스 풀러는 간단하게 감사를 표했다. 아내를 먼저 떠나보낸 찰스 풀러는 이 땅보다는 천국에 마음을 두고 있는 것 같았다. 그가 한 말은 공식석상에서 찰스 풀러가 남긴 마지막 말이 되었다. 여기서 우리는 찰스 풀러의 정신과 목회철학을 읽을 수 있다.

"저는 지금도 마지막 남은 영혼에게까지 복음을 전할 수 있게 해달라고 기도합니다. 마지막 영혼에게 하나님의 사랑, 복음을 전하며 예수님을 나의 주 나의 하나님으로 영접하는 기회를 줄 수 있기를 위해 기도해왔습니다. 지금도 저는 간절히 기도하며 소망합니다. 하나님께서 그런 기회를 저에게 주시도록 말입니다. 저는 들로 산으로 걸어 다니기를 좋아합니다. 이곳 저곳을 다니며 전도했습니다. 산골짜기에 가서 작은 가게를 운영하는 사람도 만났고, 시골 주유소에서 일하는 일꾼들도 만났습니다. 사람들을 만날 때면 주님에 대해 이야기하기를 좋아했습니다. 참, 오늘 제가 여러분들께 말씀드리고 싶은 것 한 가지가 있습니다. 제가 방송 설교를 할 때, 저는 몇 명이나 청취하는지를 생각하지 않습니다. 수천만 명이 듣는다고 해도, 저는 딱 한 사람만 생각합니다. 나이 들어 집에 홀로 있는 할머니 한 사람을 생각하며 설교합니다. 예수님이 필요한 가난하고 외로운 한 영혼을 생각하며 설교합니다. 언젠가 한 번 방송 설교를 하다 중간에 갑자기 멈추고 이렇게 소리친 적이 있습니다. '지금 어느 곳에서, 누군가, 이 시간 자살하려는 사람이 있다면, 당장 멈추십시오! 예수님은 당신을 사랑합니다. 그리고 하나님의 말씀을 들으시기 바랍니다. 예수님을 주님으로 영접하십시오.' 다음 수요일 인디애나폴리스에서 등기 우편물이 하나 도착했습니다. 아이오와 시골 농장에 사는 젊은 여인이 눈물로 보낸 편지였습니다. 깊은 우울증으로 절망의 수렁에서 헤어 나오지 못하던 그 여인은 그날 목욕탕에서 음독자살을 하려던 참이었다고 합니다. 갑자기 라디오가 소리쳤습니다. '자살을 멈추십시오. 당장 멈추십시오! 예수님은 당신을 사랑하십니다. 지금 무릎을 꿇고 여러분의 마음을 예수님께 드리십시오.' 그녀는 멈췄습니다. 그 말씀에 순종했고 감동가운데 놀라운 구원을 경험했습니다. 그리고 저에게 즉시 감사의 편지를 보내 온 것입니다. 이 모든 일들이 여러분의 기도와 후원으로 이루어졌습니다. 풀러신학교도 그렇습니다. 하나님의 역사였습니다. 여러분의 기도와 후원으로 이루어졌습니다. 저는 이 시간 하나님께 감사하며 여러분 모두에게 제 마음 속 깊은 곳으로부터 심심한 감사를 드립니다. 감사이외에 무어라 더 드릴 말씀이 없습니다. Thank You!"

풀러의 열정은 분명했다. '예수님만이 구원이시다' 라는 소식을 마지막 한 영혼에게까지 전하고 싶은 열정이 그의 모든 것이었다. 설교를 할 때마다 넓은 길, 멸망의 길, 지옥 길로 가고 있는 가련한 한 영혼들을 생각하며 뜨거운 눈물을 쏟던 설교자였다. 팔순을 넘긴 노구의 몸이었으나 풀러는 평생 하던 대로 성경 말씀을 연구하였고, 건강이 조금만 회복되면 설교 준비로 시간을 보냈다. 그의 취미는 미식축구였다. 대학대표 팀 주장으로 멋진 경기를 하던 젊은 날들을 회상하며 TV를 통해 미식축구를 관람하는 것을 즐겼다. 당시 미국에는 새 해가 되면 세 번의 큰 축구 경기가 공중파를 타고 방영되었다. 찰스 풀러는 이 경기를 무척 즐겼다. 자신이 선수가 되어 경기하는 것처럼 흥분하였다. 팔순의 나이를 잊고 그의 마음은 미식축구 경기장으로 달려갔다. 세 게임을 집중하여 보고 나면 너무 흥분하고 지친 나머지 기력이 거의 소진될 정도였다고 한다.

"이제 나의 일생을 돌이켜 보면, 내가 복음을 전하는 설교자로 살았던 것이 너무도 기쁘고 감사하다. 나는 '플라센티아 오렌지 운송회사' 창고 콘크리트 바닥에 무릎을 꿇고 기도했다. 주여! 저를 받아 주시옵소서. 주님의 말씀을 전하는 자가 되게 하여 주옵소서. 그렇게, 나의 전 삶을 주님께 헌신하고 설교자가 되기로 작정했다. 그 기도와 헌신을 생각하면 항상 행복하다." "하나님께서 나를 설교자로 부르신 것은 세상의 약한 자를 들어 강한 자를 부끄럽게 하시고, 어리석은 자를 들어 지혜로운 자를 부끄럽게 하시기 위함이셨다."

이것이 임종의 시간이 다가오는 순간에 아들 다니엘 풀러와 나눈 마지막 말이었다. 이미 아버지 나이가 된 다니엘 풀러는 어제 일어난 일처럼 아버지를 회상했다. 나는 인터뷰를 하다가 생각했다. 인생의 마지막 순간에 자신의 삶을 돌아보며 이런 행복한 고백을 할 수 있다는 것은 얼마나 대단한 축복인가!

찰스 풀러는 영적인 자녀들이 많다. 딕 브라운(Dick Brown)은 12살 때, 목회자였던 아버지를 잃고 찰스 풀러를 평생 동안 아버지처럼 모시고 따랐다. 그는 방송으로 유명해진 남성 4중창단 멤버였으며 풀러신학

● 아내와 함께한 풀러

교에 1회로 입학했다. 그가 풀러 기숙사에서 첫 아들을 낳았는데, 그 아들이 지금 미 공군 참모총장이 되었다. 그는 찰스 풀러 부부에 대해 이렇게 말했다.

"찰스 풀러 목사님은 그레이스 사모님을 무척 사랑하셨습니다. 한 쌍의 원앙이라고나 할까요. 저는 그처럼 서로 사랑하는 부부를 본 적이 없습니다. 이 땅에 사시는 날들 동안, 두 사람이 그렇게 다정하게 서로 헌신적인 사랑을 나누는 모습은 실로 감동적이었습니다. 두 분은 가장 이상적인 부부관계를 저에게 모델로 보여주셨습니다. 저는 아주 가까이에서 두 분을 지켜보았거든요. 저에게 부드럽고, 친밀하고, 정이 많은 믿음의 가정을 보여 주셨습니다. 저는 그 모델을 따라 살려고 노력했습니다. 두 분은 함께 주님을 사랑했습니다. 하나님의 뜻을 믿고 소명을 받아들이며 함께 섬겼습니다. 언제나 같은 방향을 바라보며 사셨습니다. 그런 마음을 주께서 축복하시고 가장 행복한 결혼생활을 축복으로 내려 주셨다고 믿습니다. 저는 근자에 풀러 목사님의 건강이 사모님께서 소천하신 이후로 갑자기 쇠약해졌다는 것을 잘 압니다. 평생을 함께했던 동역자를 잃고, 사랑하는 사람과 헤어지는 아픔에 가슴이 아렸을 것입니다. 저는 풀러 목사님께서 그런 아픈 가슴으로, 그레이스 사모님을 그리면서, 천국을 더욱 사모하셨을 것이라고 생각합니다. 그리고 그레이스 사모님을 따라 가셨다고 믿습니다."

풀러 목사의 장례식은 '레이크 애비뉴 교회(Lake Avenue Church)'에서 열렸다. 그의 마지막 가는 길에 예의를 갖추기 위해 수많은 사람들이 구름처럼 몰려왔다. 오켕게 박사는 찰스 풀러를 이 땅에서 가장 가까운 친구라 불렀다.

"지난 30년 동안, 우리는 어느 누구보다 막역한 친구였습니다. 저는 그의 집을 저의 집처럼 생각하고 자주 드나들었습니다. 어림잡아 500일 이상을 찰스 풀러 집에서 지냈습니다. 서로 많은 대화를 나누었고, 여러 가지 일들을 계획했으며 그 때마다 그의 지혜로운 조언을 들었습니다. 아침 식사를 마치고 나서, 우리는 세계 여러 곳에서 일어나는 복음주의 운동에 대한 이야기를 나누었습니다. 그리고 신학교 일도 의논하였습니다. 복음을 위해 하나님께서 우리에게 주신 비전을 함께 나누었습니다. 깊은 이야기를 나누고 나면 이 모든 것이 기도의 제목이 되었습니다. 그리고 우리는 함께 믿음으로 기도했습니다. 하나님께서 우리의 기도를 들어 주실 것을 확실히 믿었습니다. 우리는 이렇게 가까운 기도 친구였습니다. 제가 보스턴에서 성역 30주년 기념식을 할 때, 그가 와서 축하해 주었습니다. 그날 찰스는 저에게 손을 얹고 기도를 해 주었는데 은혜가 충만한 기도였습니다. 지난 가을 저는 찰스 풀러의 병상을 찾았습니다. 개인적인 이야기를 나누고 나서, 이번에는 제가 찰스에게 손을 얹고 그가 지난번에 내게 해 준 것처럼 기도했습니다. 그것이 우리가 함께한 마지막 기도였습니다. 우리는 이렇게 비전과 기도를 함께 나눈 친구입니다. 저는 찰스를 언제나 그렇게, 비전과 기도 가운데 기억할 것입니다."

"찰스 풀러는 믿음의 사람이었습니다. 하나님을 위해, 복음을 위해 위험을 감내한 담대한 믿음의 사람이었습니다."

하버드 총장은 이렇게 회상했다.

"말씀을 선포하라! 풀러 목사님은 신학교 교수들과 저에게 자주 말씀하셨습니다. 저와 어떤 주제로 이야기를 시작하시면 그분은 그 주제에 적절한 성경 말씀을 암송으로 인용하며 말씀하셨습니다. 성경 말씀을 많이 암송하고 계셨습니다. 무슨 문제가 있어 상의를 드리면 언제나 부드럽게 조언해 주셨습니다. '화를 품지 말아요.' '모든 자들과 화목해야 합니다.' '평화를 도모하고 화평을 좇을 것입니다.' 아직도 저의 귓가에 그분의 음성이 생생하게 들립니다. 마지막 병상을 지키던 날에도 평소처럼 따뜻하게 말씀하셨습니다. '데이브, 하나님께서 지혜를 주실 거요. 하나님께서 지혜를 부어 주실 겁니다.' 저는 그 음성 속에 녹아있는 확실한 믿음, 하나님께서 주실 지혜에 대한 믿음을 느꼈습니다. 그분의 몸은 점점 쇠약해지셨지만 그분에게는 말로 표현할 수 없는 강함이 있었습니다. 믿음이 주는 영적인 힘과 능력이 있었습니다. 매일 육신적으로 약해지는 분을 뵐 때마다 저의 믿음이 더 강해짐을 경험했습니다."

애도의 물결은 감동으로 몰려왔다. 모두들 천국을 향해 마음을 열었다. 영결식을 마치고 모두 장지로 향했다. 차량의 행렬은 꼬리에 꼬리를 물었다.

평생 찰스 풀러와 함께 사역하면서, 찬양을 담당하던 루디(Rudy Atwood)는 장례식을 마치고 나서 소감을 이렇게 적었다.

● 찰스 풀러 목사님의 묘비를 방문한 저자 (좌로부터 가진수 목사, 저자, 이진희 목사, 오소엽 목사)

● 묘지사진

"풀러 박사님의 장례식을 마치고, 나는 집에 돌아왔다. 그리고 피아노 앞에 앉았다. '내 본향 가는 길, 진주 문 열리네'를 연주했다. 위대한 말씀의 설교자를 잃었다는 아쉬운 생각과 그 분이 우리 주님의 풍성한 영광의 나라에 들어가셨다는 생각이 내 안에서 자주 교차했다. 나는 계속 찬송을 불렀다. 찬송은 끝없이 이어졌다. '기다리던 성도들과 그 문에서 만날 때 참 즐거운 우리 모임 그 얼마나 기쁘랴'

찬송을 부르는 가운데 영감이 넘쳐났다. 하늘의 영광이 임하는 것을 느꼈다. 슬픈 마음이 눈 녹듯 사라졌다. 그 분이 계신 천국의 위로가 나의 마음에 흰 눈처럼 소복이 내려왔다."

2009년 6월, 나는 찰스 풀러 목사님의 묘지를 찾았다. 풀러에서 공부하는 몇 분 목사들과 함께였다. LA 글렌데일 포레스트 론(Forest Lawn) 묘지입구에서 가까운 곳이었다. 큰 나무가 그늘을 드리우는 곳에 사모님과 두 분이 나란히 누워계셨다. 평온했다. 우리는 조용히 머리를 숙였다. 그 분이 떠나신 40년의 세월이 하루처럼 가깝게 느껴졌다. 침묵의 기도 속에 찬송이 울려났다. 풀러 목사님께서 〈부흥의 시간〉 방송에서 자주 부르던 찬송이었다.

기쁜 소식 들리니 예수 구원하신다
만민에게 전하라 예수 구원하신다
구원하는 소리를 산과 들에 전하라
우리들의 승전가 예수 구원하신다

2. 풀러 가문

찰스 풀러는 1887년 4월 25일, LA에서 태어났다. 그의 아버지 헨리 풀러(Henry Fuller, 1846-1926)는 뉴욕에서 로스앤젤레스로 이주한 후에, 3번가와 메인 스트리트가 만나는 곳에서 가구상을 운영하고 있었다. 어머니는 헬렌 데이 풀러로 화란계였고 사랑이 많았으며 신앙심이 돈독한 여인이었다. 음악교사로 피아노와 성악을 가르치던 아름다운 목소리를 가진 분이었다. 어머니에 비해 아버지는 신앙뿐만 아니라 모든 면에서 보수적이고 딱딱하였지만, 성실하고 근면하며, 철저하고 엄격한 분이었다.

● 아버지가 운영하던 가구 공장

원래 풀러 가문은 감리교 집안이었다. 풀러의 할아버지는 뉴욕 페루(Peru) 지역에 감리교회를 세우시고 사역하신 분이었다. 1874년, 28살이었던 헨리 풀러는 건강상의 이유로 고향을 떠나야 했다. 버몬트주를 떠나 기후가 좋다는 캘리포니아 남부 LA 지역으로 이사했다. 당시 로스앤젤레스는 인구 5천 명 정도의 작은 도시였다. 포장이 안 된 길은 진흙탕이었고 멕시코 출신들이 많이 사는 곳이었다. 그가 처음 자리를 잡은 곳은 지금 코비나(Covina)로 알려진 곳인데, 그곳에서 밀을 재배하고 터키를 사육하는 일을 시작하였으나 쉽지 않았다. 많은 어려움을 겪었다. 계속되는 가뭄으로 농장은 말랐고, 결국 처음 투자한 자본을 모두 날리고 말았다. 무언가 다른 일을 찾아야 했다. 기도하며 길을 찾았다.

전에 가구상에서 일했던 경험이 떠올랐다. 그 경험을 살려 의자들만 몇 개 갖다 놓고 LA 시내에 작은 가구점을 개업하였다. 당시 로스앤젤레스는 이주 붐을 이루고 있었다. 시내로 사람들이 몰려왔다. 이런 분위기를 타고 가구 장사는 매일 성업이었다. 헨리는 작은 가구 공장을 만들었다. 자체적으로 침대 스프링을 제작하고 판매하여 상당한 돈을 모으게 되었다. 헨리는 이렇게 점점 부를 쌓아가면서 네 아들을 두었다. 찰스는 막내아들이었다.

풀러의 어머니는 건강이 좋지 못했다. 막내 찰스를 낳고 나서 더 심해졌다. 심한 천식에 시달렸으나 약도 소용이 없었다. 담당의사는 공기가 건조한 내륙지방으로 옮겨 요양하라고 처방했다. 의사의 처방대로 천식은 좀 더 건조한 곳, 내륙 지방인 레들랜드(Redland)로 옮긴 후 호전되어갔다. LA시내에서 동쪽으로 70마일 가량 떨어진 먼 곳이었다. 헨리는 부인을 위하여 사업을 접고 온 가족이 레들랜드로 이사하기로 결정했다. 이사해서 무엇을 할 것인가? 그 당시에 오렌지 농장이 붐을 이루고 있었다. 1889년 헨리는 그 동안 가구업으로 벌어 모든 돈을 투자하여 8만평이 넘는 70에이커 땅을 샀다. 그곳에 오렌지 농장을 일구기 시작했다. 1893년에는 가구점을 팔고 완전히 레들랜드로 이사했다. 풀러 가족들은 레들랜드에서도 한참을 들어가는 시골 오렌지 농장에서 도시와 전혀 다른 생활을 시작하였다.

●어린시절 오렌지 농장

헨리 풀러는 아내를 위해서라면 무엇이라도 할 수 있었다. 아내를 위해 공기 좋은 농장지역으로 이사한 헨리는 더 이상 사업가가 아니었다. 새로 산 땅에 오렌지 농장을 일구기 위해 몸이 부서져라 땅을 파고 나무를 심었다. 이렇게 진정한 농사꾼이 되어갔다. 그는 타고난 성격대로 매사에 성실하였다. 아이들에게도 노동의 신성함을 가르쳤다. 일감을 주고 자기 몫을 다하게 했다. 어린 오렌지 나무를 길러 질 좋은 오렌지를 생산해 내기 위해 고된 일과가 매일 기다리고 있었다. 그는 하루 18시간씩 일해야만 했다. 이런 노동은 8년간이나 계속되었다. 쉬지 않고 꾸준히 노력하자 농장다운 농장이 만들어졌다. 그 동안 한두 번, 큰 가뭄으로 오렌지 나무가 말라죽는 경우도 있었다. 가뭄이 오면 지하수를 개발했다. 즉시 깊은 샘을 파서 나무에 물을 주었다. 지하수로 농장을 살릴 수 있었다. 각고의 고생 끝에 열매가 맺히기 시작했다. 풀러 농장은 성공의 길로 접어들었다. 그는 성공했다하여 변하지 않았다. 뉴잉글랜드 지방출신답게 자녀들을 검소하고 근면하게 일하도록 교육했다. 하루는 걸음걸이가 이상한 헨리를 보고 찰스가 물었다.

"아빠, 걸음걸이가 이상해요. 바지가 이상해요." 찰스는 자세히 살펴보았다. 아버지는 무릎이 닳아 구멍이 난 작업복 바지를 조금이라도 더 입기 위해 앞뒤를 바꾸어 입고 일을 하고 있었던 것이다.

찰스 풀러의 부모님은 신실했다. 매일 아침을 가정예배로 시작했다. 아버지가 성경 말씀을 읽고 나면 온 가족들은 어머니가 연주하는 풍금에 맞추어 찬송을 불렀다. 이런 경건한 가정에서 태어나고 자라난 찰스 풀러였지만 세상 사람들과 별로 다른 점이 없었다. 습관적으로 가정예배에 참석하고 교회에 나갈 뿐 영적인 면에 대해 전혀 주의를 기울이지 않았다. 하지만 어린 시절의 철저한 신앙교육은 깊이 뿌리내리고 있었다. 이 소년이 자라 라디오 설교자가 되었을 때, 어린 시절을 떠올리며 눈물 젖은 목소리로 어머니의 풍금에 맞추어 찬송하던 이야기를 자주 하였다. 아무도 모르는 사이에 신앙의 형질은 가정 안에서 이루어지고 있었던 것이다. 아버지 헨리는 막내 아들이 훌륭하게 자라 복음을 선포하는 모습을 지켜보며 흐뭇한 노년을 보냈다. 기도에 응답하신 하나님의 은혜에 감사하며 뒤에서 성원하였다.

헨리 풀러는 선교에 헌신된 사람이었다. 동부에서 생활할 당시에 그는 C&MA(Christian Missionary Alliance) 선교단을 창설한 심슨 목사(A. B. Simpson)의 영향을 받았다. 그리하여 해외선교에 대한 관심을 갖고 있었으며 구체적으로 참여하기 원하였다. 심슨 목사(A. B. Simpson, 1943-1919)는 캐나다 태생으로 어릴 적부터 선교에 깊은 관심을 가졌다. 대학을 졸업하고 온타리오 해밀턴 상류 주류교회인 녹스 교회의 목회자가 되었다. 그가 21세의 젊은 나이에 명망 있는 교회의 목사가 될 수 있었던 것은 그의 뛰어난 설교 능력 때문이었다. 그는 계속해서 영혼 구원, 복음 전파에 대한 선교적 부담감과 환상, 신유 등 영적 체험을 통해 선교의 길로 향해 나아갔다. 죽어가는 수많은 영혼들을 향한 애타는 마음, 예수 그리스도의 재림을 앞당기고자 하는 소망이 심슨을 해외 선교사역으로 내몰았다. 그는 늘 마태복음 24장 14절 말씀을 강조했다. '이 천국 복음이 모든 민족에게 증거 되기 위하여 온 세상에 전파되리니 그제야 끝이 오리라.'

심슨 목사의 궁극적인 목표는 교회에 있었다. 세계선교에 전적으로 헌신된 교회를 만드는 것이었다. 이렇게 하여 선교하는 교회를 세우게 되었고 C&MA가 조직 되었다. 선교사 훈련학교도 뉴욕에 세우게 되었다. 그가 설립한 선교사 훈련학교에서 교육을 받고 그의 사역을 경험한 많은 이들이 부르심에 따라 해외 선교지로 나가 선교회를 키우고 헌신하였다.

헨리 풀러는 심슨 목사의 복음에 대한 열정과 선교에 대한 헌신을 흠

모했으며 본받고 싶어 했다. 언젠가 자신도 복음과 선교를 위해서 헌신하고자 했다. 드디어 그때가 왔다. 이제 그는 오렌지 농장에서 질이 좋고 맛있는 오렌지를 생산하게 되었고 '풀러 특산품 오렌지(Fuller' s Fancy Orange)' 상표를 붙인 오렌지는 좋은 값에 팔리고 있었다. 사람은 부자가 되면 변하는 경우가 많지만 풀러는 달랐다. 부유하게 되었을 때에도 헨리는 변함없는 마음으로 신실하게 교회에 출석하였다. 매주일 교회에서 장년 성경공부를 인도했다. 무엇보다 해외에 파송된 선교사들을 최대한 성심껏 후원했다.

3. 임마누엘 선교재단

오래 전부터 헨리는 예수님의 흔적을 찾아 성지순례를 하고 싶다는 생각을 가지고 있었다. 가까운 사람들에게 여러 번 성지를 돌아보고 예수님이 걸으셨던 이스라엘 마을들을 가보고 싶다는 말을 종종했었다. 어느 날 갑자기 그 생각이 헨리를 사로잡아 비온 뒤에 자라는 죽순처럼 걷잡을 수 없을 정도가 되었다. 생각은 생각의 꼬리를 물고 그의 마음을 사로잡았다. 그렇다! 예수님께서 전에 다니셨던 성지만 갈 것이 아니라 오늘 다니시고 계시는 전 세계 선교지를 돌아보자. 우선 내가 후원하는 선교사들의 사역지를 중심으로 해서 여러 선교지들을 방문하여 하나님께서 어떻게 일하시고 계시는지 살펴보는 것은 어떨까? 내가 해외 선교사들의 활동을 보고 나면, 더 효과적으로 후원할 수 있을 것이 아닌가. 생각이 여기까지 미치자 헨리는 더 이상 기다릴 수 없었다. 선교지가 부르는 것 같아 속히 떠나야 했다.

헨리는 무엇보다 해외에 파송된 여러 선교사를 더 잘 돕고 싶었다. 그리고 19살이 된 영특한 아들 레슬리가 선교사로 해외 선교사역에 헌신하게 되기를 기도하고 있었다. 이런 선교계획을 가지고, 아들에게도 선교 비전을 심어주기 위해 당시로써는 누구도 상상하기 어려운 '선교 여행' 세계 일주를 떠났다.

그 날이 밝았다. 헨리는 1902년 7월 15일 오전 7시 44분 레들랜드 역을 출발하는 열차에 몸을 실었다. 우선 태평양을 건너 일본으로 갔다. 일본의 상황을 돌아 본 후에 중국으로 건너갔다. 그곳에서 여러 선교사 들을 만났으며 일본과 다른 아시아 대국인 중국을 경험했다. 그리고 인도를 방문했으며 인도에서 실론으로 갔다. 또한 이집트 선교지도 방문했다. 그리고 팔레스티나 지역 선교사역을 돌아보았다. 당시 헨리가 선교지를 방문하며 보내온 편지들은 상당한 파문을 불러 일으켰다. 시골에서 헨리는 유명 인사였다. 그 편지는 '레들랜드 신문' 에 계속 연재되었다. 헨리는 '한 캘리포니아 사람의 세계 일주' 라는 341페이지 분량의 선교여행 후기를 책으로 출간했다. 그 책의 서문에서 헨리는 이렇게 기록했다.

"이 세계 일주 이야기는 길을 가면서 쓴 것이다. 열차를 타고 가면서, 호텔이나 숙소에 묵으면서, 증기선을 타고 바다를 항해하면서 쓴 것이다. 나는 여러 곳에서 다양한 경험을 했다. 101통의 편지를 썼으며 레들랜드 신문에 기고한 글도 많다. 1903년 가을, 낙엽이 형형색색의 화려한 옷으로 갈아입고 바람결에 내리고 있다. 어머니의 품인 대지로 돌아가 영원히 잠들기 위해, 그들은 그 품에서 다시 깨어나지 않을 것이다. 산꼭대기에 부는 바람은 하얀 구름을 모으더니 어딘가로 몰아가고 있다. 새들은 따뜻한 남쪽 나라로 날아가고 있다. 겨울을 맞는 하늘은 회색빛으로 변해간다. 나는 지난 편지들을 꺼내 보면서 책을 만들고 있다. 개인적인 내용은 조금씩 손을 보면서 여러 자료들을 검토한다. 이 책이 어떤 독자 한 사람에게라도 도움이 된다면, 세계를 여행하는 사람들이 그냥 지나치는 사소하고 작은 일들에 대해 섬세하게 기록한 나의 정성과 사랑의 대가일 것이다. 사랑하는 아들 레슬리가 찍은 멋진 사진들을 함께 넣었다. 마음먹은 대로 모든 내용을 다 넣을 수는 없었지만, 이 책을 쓸 수 있어서 기쁘다."

여행은 효과가 있었다. 해외 선교사들이 사역하고 있는 선교지를 방문하고 돌아온 헨리는, 어느 때보다 선교사를 후원하고 싶은 강한 열정을 불태우게 되었다. 하나님께서 그의 사업을 계속 축복하셨다. 1905년에는 선교사 세 가정을 전적으로 후원할 수 있었다. 그는 선교사들을 돕기 위해 두 번째 세계 일주를 하게 되었다. 어떤 방법으로든 해외 선교사를 후원하고 싶었던 그의 기도는 아름다운 열매를 맺어 점진적으로 54가정의 선교사들을 후원할 수 있게 되었다.

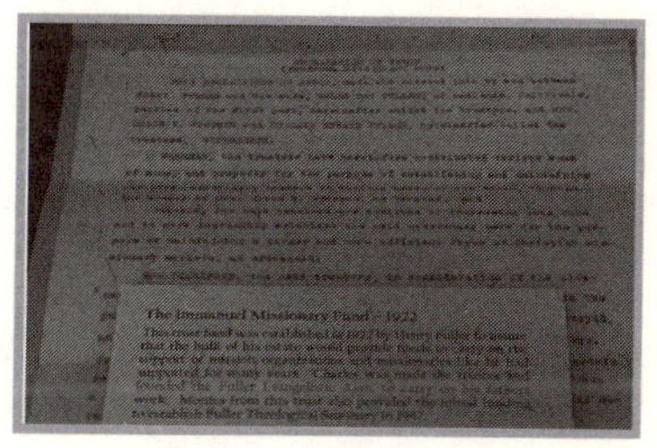

The Immanuel Missionary Fund - 1922

● 임미누엘 선교재단 설립 약정

오렌지 농장에서 바쁘게 작업을 하던 헨리 풀러의 마음에 고요한 울림이 있었다. 주님께로부터 나에게 주어진 재화로 무엇을 할 것인가?

'선교 사역을 위해 너의 전 재산을 투자하면 어떻겠느냐?' 헨리는 이 생각이 주님께서 주시는 생각이라고 믿었다. "그렇습니다! 주님, 제가 순종하겠습니다. 주님의 사역을 위해 제가 가진 모든 재산을 사용하겠습니다. 제가 지금까지 여유 자본이 생기면 금융 상품에 투자하고 여행도 다니고 했는데, 이제부터는 주의 사역을 위해 모두 투자 하겠습니다. 그는 우선 10만 달러를 따로 떼어내 친한 친구 그레이스(Mrs. Grace Woodson) 여사와 공동 이름으로 임마누엘 선교재단(Immanuel Missionary Fund)을 설립했다. 1922년의 일이었다. 여기서 나오는 이자 수입뿐만 아니라 자신의 재산에서 돈을 떼어내어 세계 전역에 흩어져 활동하는 선교사들을 조직적으로 후원하기 시작한 것이다.

기도는 이루어진다. 해외 선교사들과 복음전도 사역을 후원하기를 소원했던 헨리 풀러의 기도가 응답되었다. 어렸을 적에는 농사나 지으면서 농장관리를 해주기를 바라던 막내 찰스가 목회자가 된 것이다. 미 전국에 방송 사역을 감당하는 유명한 말씀 선포자가 되었고 전 세계로 복음을 전하는 하나님의 일꾼이 된 것이다. 헨리 풀러는 건강하게 오래 살면서 막내 아들 찰스 풀러가 훌륭하게 성장하여 능력 있는 설교자가 된 모습을 기쁨으로 바라보았다. 그리고 해외 선교사들을 돕고 수많은 영혼을 구원하는 사역을 지켜보면서 1926년까지 보람된 노년을 보냈다.

헨리 풀러는 임마누엘 선교재단을 남겼다. 임마누엘 선교재단에 대한 법적 절차는 1922년 3월 31일 설립자와 재단책임자간 서명하고, 4월 1일 샌 버나디노 카운티에 소속된 홀로웨이(Holloway) 공증인이 공증함으로 이루어졌다. 재단 설립자는 헨리 풀러와 그의 부인 헬렌 풀러였고, 재단 책임자는 헬렌의 친구인 그레이스 우드선(Grace Woodsun)과 찰스 풀러였다. 그들은 재단을 잘 관리하였으며, 1929년부터 시작된 미국 경제공황으로 풀러 가족이 파산에 직면하는 어려운 상황 속에서도 재단을 계속 유지하고 발전시켰다.

재단 설립취지를 담은 재단 선언서(Declaration of Trust)에는 설립자의 의도가 분명하게 밝혀져 있다. 크게 4항목으로 나뉘인 타이프로 완성된 5쪽 분량이다.

이 재단이 특별한 것은 재단의 목적을 설명한 도입부분이다.

재단 설립자는 현금과 여러 형태의 재산을 세계 각국에서 사역하는 기독교 선교사들을 양성하고 후원하는 목적으로 재단에 헌납한다(the trustors have heretofore contributed various sums of money and property for the purpose of establishing and maintaining Christian missionary workers in various parts of the world)."

제 1항은 재단 이사의 권한에 대한 내용을 담고 있다.

재단 이사는 재단의 설립 목적을 달성하기 위하여 재단의 재산을 관리하고 유지하며, 재산을 사고 팔 수 있다. 선교비를 결정하고 지출할 수 있으며, 재단의 모든 재산권을 행사할 수 있다. 재단의 설립 목적을 가장 효과적으로 달성할 수 있도록 모든 권한을 부여하고 있다.

제 2항은 헌납 재산 관리에 대한 내용을 담고 있다.

구체적으로, 예수 그리스도의 복음을 가르치고 증거 하는 선교사들을 위해 재단의 수입금이 사용되어야 하며, 재단 설립자의 뜻을 받들어 해외 선교사들을 성실하게 잘 관리하고 후원해야 함을 설명하였다.

제 3항은 재단 이사들의 후계자에 관한 내용이다.

재단 이사들은 자신의 후계자를 지명할 수 있으며, 이것은 서면 요청함으로 이루어진다. 후계자는 재단 설립목적에 동의해야 하며 재단 선언서에 기록된 내용을 지켜야 할 의무를 가진다. 재단 이사 중 한 명이 사망할 경우, 생존하고 있는 이사가 모든 권한을 가지며, 재단 선언서에 기록된 내용을 지켜야할 의무를 가진다.

제 4항은 재단 이사의 재단 재산권에 대한 책임의 내용을 담고 있다.

재단 이사는 재단의 자산을 잘 관리해야 하며, 적어도 1년에 한 번씩은 자산이 잘 관리되고 있는지 확인해야 한다. 재단 이사는 재단이 소유한 투자 재산에 대한 이자를 개인적으로 지급할 의무가 없다. 재단 이사는 재단 자산에 대한 손실이 났을 경우 개인적으로 손실을 책임지고 배상할 책임을 가지지 않는다. 이 재단은 모든 비용을 지불하고, 이자 및 모든 비용을 완불하지 않고는 해체하거나 재단 활동을 멈출 수 없다.

임마누엘 선교재단은 주효했다. 헨리 풀러의 유지를 따라 다양한 전도사역과 선교사역을 할 수 있었다. 선교사들을 돕고 선교지도자들과 선교단체들을 후원할 수 있었다. 위클리프 선교회와 네비게이토 선교회 설립 등을 도왔으며, 복음 방송협회와 풀러 재단 그리고 풀러신학교를 세우는 데 중요한 역할을 하였다.

소방서는 멋진 놀이터였다. 찰스는 호기심 많은 소년이었다. 무언가 새로운 것을 찾아다녔다. LA 시내에 살 때에는 길모퉁이에 있는 소방서에 놀러가기를 좋아했다. 소방서는 호기심을 충족시켜주는 놀이터였다. 어디선가 불이 나면 소방서에 비상벨이 울린다. 소방관들은 불을 끄기 위해 분주하게 움직인다. 전문적으로 훈련된 소방관들이 급박하게 움직이는 모습은 긴장감을 고조시켰다. 무엇보다 말이 끄는 소방 마차를 타고 부리나케 출동하는 모습이 무척 인상적이었다.

시간이 날 때마다 소방서를 찾아오는 소년 찰스는 유명인사가 되었다. 소방관 아저씨들은 친절하게 대해 주었으며 호기어린 질문에 차분하게 대답해주었다. 찰스는 소방 마차를 타 보고 싶어 했다. 소방관들은 찰스를 간혹 소방 마차에 태워주기도 했다. 마차를 타고 불이 난 곳을 향해 달려갈 때면 찰스는 신바람이 났다. 소방서보다 더 재미있는 곳은 없었다. 그래서 찰스는 상근 소방대원처럼 소방서에 출근하다시피 했다. 하루는 어머니가 시장에 가면서 오늘은 소방서에 가지 말라고 이르고 갔다. 그렇게 다짐을 했지만 소방서의 벨이 울리자 찰스는 반사적으로 소방서로 갔다. 찰스는 불을 끄고 돌아오는 소방마차 운전석 옆에 앉아 돌아오다 어머니와 마주쳤다. 어머니는 명령하셨다. “찰스! 당장 내려!” 그날 찰스는 어머니에게 혼쭐이 났다.

찰스에게는 농장도 신기했다. 레들랜드 농장으로 이사 한 후, 찰스는 넓게 펼쳐진 광활한 산과 들을 바라보며 호기심이 발동했다. 저 언덕 너머에 무엇이 있는지 알고 싶었다. 찰스는 어렸을 때부터 기른 개를 무척

이나 좋아했다. 개를 끌고 산과 들로 쏘다녔다. 당시에는 원주민 인디언들이 언덕에 살고 있었다. 찰스는 어렸을 적부터 오렌지 농장에서 하루 18시간씩 일하는 아버지를 따라 맑은 공기와 태양빛을 받았기에 그리고 싱싱한 오렌지를 먹으며 땀 흘려 일했기에 아주 튼실한 몸과 건강을 가지게 되었다. 15살이 되었을 때 이미 건장한 청년이 되었다. 그는 180센티의 키에 떡 벌어진 어깨를 가졌고 그가 신던 신발은 300밀리나 되었다.

용돈도 벌었다. 아버지가 찰스에게 맡겨준 농장 일은 어린 오렌지 뿌리를 갉아먹는 들다람쥐(gopher)를 잡는 일이었다. 학교 가기 전에 덫을 놓아두고 학교에 다녀와서는 잡힌 들다람쥐 숫자를 확인하여야했다. 잡힌 들다람쥐 꼬리를 아버지 앞에 가져가면 하나에 10센트(dime)로 계산하여 용돈을 주었다. 돈을 정확하게 계산하여 주면서, 아버지는 찰스에게 출석하고 있는 감리교회에 철저히 십일조를 하라고 가르쳤다. 아버지는 자녀들에게 말라기 3장 말씀을 꼭 지켜야 한다고 했다. '너희의 온전한 십일조를 창고에 들여 나의 집에 양식이 있게 하고 그것으로 나를 시험하여 내가 하늘 문을 열고 너희에게 복을 쌓을 곳이 없도록 붓지 아니하나 보라' 찰스는 아버지의 가르침에 순종하고 따랐다. 어느 날, 교회 건축에 대한 설교 말씀을 듣고 감동을 받은 소년 찰스는 교회 본당 건축을 위해 거금 25달러를 작정했다. 그리고 기쁘게 용돈을 모아 헌금했다. 교회당은 1901년 완공되었다. 교회당을 봉헌하는 것을 지켜 본 어린 찰스는 무척 행복했다. 자신이 자랑스러웠다. 그 후, 50년이 지난 어느 날 교회당이 화재로 불탔다는 소식을 찰스가 들었다. 그는 고향 친구에게 전화를 걸어 이렇게 말했다.

"어제 밤에 불이 나서 말이야, 아까운 내 들다람쥐 꼬리(gopher tails), 수백 개가 몽땅 다 타버렸어! 들다람쥐 꼬리가 한 줌의 연기가 되서 날라 가 버렸다구."

찰스는 사냥을 좋아했다. 그는 수백 마리의 들다람쥐를 잡아 귀한 시계도 사고 사냥총도 살 수 있었다. 사냥총을 들고 개를 끌고 산으로 들로 나가서 메추라기나 산토끼 등을 잡아오기도 했다. 하루는 메추라기 사냥을 하다가 발을 헛디디며 총이 발사되었는데, 그가 쓰고 간 사냥 모자의 오른쪽 챙이 다 날아갔다. 찰스는 놀라 쓰러져 움직이지 않았다. 그는 미동도 하지 못하고 생각했다. 나는 과연 살아있는가 죽었는가? 그는 무서워서 손을 들어 머리를 만져보지 못했다. 만져서 머리의 반쪽이 날아갔으면 어떻게 할 것인가를 깊이 고민했기 때문이었다.

아버지는 막내 아들에게 별 기대를 하지 않았다. 수줍음이 많고 약간 덜 떨어진 듯한 아들이었기 때문이다. 농장에서 다른 가족 모두가 일하는데 혼자만 오렌지 나무 밑에서 잠을 잔다거나, 자주 개를 데리고 사냥하러 들로 산으로 쏘다녔다. 아버지는 막내 찰스에게 별 기대를 하지 않고 오렌지 농장이나 잘 관리하면서 살면 될 것이라고 생각했다. 큰 아들 퍼시(Percy)는 변호사가 될 준비를 하고 있었고 레슬리(Leslie)는 모든 자격을 갖춘 훌륭한 목사감으로 손색이 없었다. 그 점이 아버지 헨리가 1902년 선교사를 후원하기 위해 세계 일주를 하면서 레슬리를 데리고 간 이유였다.

아버지가 형 레슬리를 데리고 선교여행을 떠나있는 동안, 찰스는 농장을 잘 지켰다. 농장은 계속 번성해 갔다. 어떻게 하면 오렌지 농장을 좀 더 현대화 할 수 있을까? 찰스는 새로운 기술에 대한 호기심이 많았다. 모든 신기술을 수용하고 농장에 설치했다. 신기술로 나온 전기버저(buzzer)를 대문에 설치하여 우편물의 도착을 버저로 알리게 했다. 전화기가 처음 나왔을 때에는 자기 집뿐 아니라 농장 이웃 여러 집에 전화를 가설해 주기도 했다. 들다람쥐 꼬리를 모아 번 돈으로 새로 나온 무선 전신기(telegraph)를 농장 사무실에 설치하여 전보로 오렌지 주문을 받게 만들었다. 당시 사용하던 모스 기호(morse code)를 배워 송수신을 시작하였다. 농장에 전선을 깔아 여러 곳에서 메시지를 수신할 수 있게 하였다. 이것이 찰스가 고등학교 학생 시절에 일어난 일이었다. 그는 학교에서 돌아오는 길에 사우스 퍼시픽 기차역에 들러 놀다왔다. 역장인 짐 림파우(Jim Rimpaw)를 졸라 기차를 운행하는 전신신호를 자기가 송수신하게 해달라고 부탁했다. 그리고 송수신을 너무나 능숙하게 하는 것을 보고 역장은 그에게 일을 맡겼다. LA발 열차의 발차 명령을 직접 송신하도록 허락하였다. 고등학교 졸업반이 되었을 때, 찰스는 레들랜드 지역 최초의 아마추어 무선사 자격을 획득했다.

뜨거운 7월 어느 날, 방금 방에서 나온 찰스의 손에 메시지가 들려 있었다.

"대단한 뉴스에요! 잘 들어 봐요. 이것은 방금 카탈리나 섬 무선 기지에서 보내온 소식인데요, 낚시를 즐기던 어떤 국회위원이 엄청 큰 농어를 낚았는데, 300 파운드짜리래요! 말도 안 된다. 그렇게 큰 농어가 어디 있니? 농담하지 마라!" 아버지는 웃으며, 보던 신문에 얼굴을 다시 돌렸다. 하지만 다음 날 'LA 타임즈' 신문에 찰스가 이야기한 기사가 그대로 실렸다.

"아빠, 여길 봐요! 어제 내가 한 말이 맞잖아요!" 찰스는 들떠 있었다.

"그래, 네 말이 맞다."

● 첫사랑을 나누며

아버지 헨리의 생각에 찰스는 농장 운영 기술이 좋아 오렌지 농장이나 평생 운영하면 좋을 것으로 생각했다. 그러나 하늘 아버지의 생각은 달랐다. 찰스에게 신기술에 대한 열린 마음을 주시고 복음 선포를 위해 라디오 시대를 준비하신 것이다. 전파를 타고 온 세상에 퍼지는 복음의 메신저로 예비하신 것이다.

5. 나의 사랑 그레이스

찰스는 고등학교 시절부터 유명한 미식축구 선수였다. 키가 크고 체력이 뛰어났다. 그는 과묵하고 수줍어했지만, 덩치가 크고 힘이 좋아 축구부의 주장으로 활약하였다. 친구들 사이에 인기도 많았다.

첫 사랑은 운명처럼 갑자기 찾아왔다. 찰스와 같은 반에 그레이스 레온 패이튼(Grace Peone Payton)이라는 여학생이 있었다. 그레이스는 착하고 지혜로운 학생이었고 유명한 집안 출신이었다. 아버지 패이튼 박사는 그 지역에서 최고로 존경받는 의사였다. 찰스는 내심 그레이스에게 호감을 가지고 있었다. 그러나 그레이스는 명문가의 딸이 아닌가? 기풍이 있고, 품위 있는 그녀의 상대로, 고등학교만 졸업하고 농장에서 농사나 지을 나 같은 사람은 어울리지 않는다고 생각했다. 자신에게는 너무나 과분한 명문가의 딸이기에 올라갈 수 없는 나무는 쳐다보지 않는다는 안타까운 심정으로 포기할 수밖에 없었지만, 언제나 아쉬운 마음을 품고 있었다.

어느 날 멋진 축구경기를 마치고 나오는데, 한 친구가 찰스를 불렀다.

"찰스, 잠깐 이쪽으로 와 보라고, 정말 멋진 여자 친구를 소개시켜 줄게." 그 때 찰스는 경기 직후라, 땀과 흙이 범벅이 되어 있었다. 그래도 옆에 있던 친구의 모자를 빌려 쓰고 여학생을 만나게 되었다. 첫 사랑의 감정이란 이런 것인가! 자기가 마음에 품고 있던 그녀였다. 떨리는 가슴으로 그레이스를 교정에서 만나게 된 것이다. 그 후 시간이 흘러, 아버지 헨리 풀러가 선교 여행에서 돌아와, 지역 유지들을 오렌지 농장이 있는 저택에 초대하여 세계의 풍물과 사진 그리고 여러 가지 여행담을 나누는 시간을 갖게 되었다. 이 모임에 초대된 유지들 가운데 패이튼 박사가 있었고, 패이튼 박사는 사랑하는 딸 그레이스와 함께 참석했다. 의미 있는 시간을 보내고 헤어질 때 그레이스는 자기가 가져온 상아 장식이 달린 부채를 잃어버리고 말았다. 주일 오후였다. 모임을 마치고 정리를 하다가 부채를 찾은 찰스는 즉시 그레이스에게 전화를 걸었다. 부채를 직접 전해주러 그레이스 집에 갔을 때, 그녀는 집으로 들어오라고 했다. 짧지만 긴

● 찰스 풀러와 아내 그레이스

침묵의 시간이 지나고, 찰스는 그날 저녁 자신이 다니던 교회에 가지 않고 그레이스가 다니던 침례교회 예배에 함께 참석했다. 그 후로 찰스는 1906년 고등학교를 졸업할 때까지 매주일 저녁 예배는 그레이스가 나가는 교회에 출석했다. 이렇게 첫 사랑은 오렌지 향기와 함께 피어났다.

어느덧 성숙하여 그레이스와 결혼을 생각한 찰스는 고등학교를 졸업하기 전에, 먼저 약혼을 하고 싶었다. 지금과는 다르게, 그 시절에는 흔한 일이었다. 찰스가 프러포즈를 하려고 마음으로 준비하던 무렵, 그레이스는 찰스가 선교사로 자신을 드리고 싶어 하는 것을 알게 되었다. 1903년 아버지 헨리의 해외 선교에 대한 헌신과 당시 출석하던 감리교회 목사님의 영향으로, 찰스는 자신의 삶을 주님을 위해 드리고 싶은 마음을 갖게 된 것이다. 그레이스는 선교사와 결혼하는 것에 대해 생각해 본 적이 없었다. 그레이스는 염려하는 마음으로 가까운 친구에게 물었다.

"너는 혹시 선교사가 되려는 사람이 청혼을 하면 받아들이겠니?"

"내가 사랑하는 사람이라면, 당연히 결혼해야지."

"나는 결혼해야 할지 아직 잘 모르겠어." 이렇게 생각하며 그레이스는 프러포즈하는 찰스에게 말했다.

"찰스, 우리는 아직 어려요, 친구들은 결혼도 하지만, 나는 대학에 진학하고 싶어요. 공부하고 싶은 게 많아요. 우리 약혼 문제는 잠시 미뤄두고, 시간이 좀 흐른 다음에도 우리가 서로 맞는 짝이라고 생각하면, 그때 다시 청혼해 주면 좋겠어요. 그렇게 해 줄 수 있죠?"

둘은 캠퍼스 커플이었다. 고등학교를 다니는 동안 서로 약혼은 하지 않았지만 공식적으로 사귀었다. 그들은 서로에게 첫 사랑이었다. 그들은 서로 의미 있고 귀한 선물을 교환하였으며, 그레이스는 찰스를 위해 스웨터와 셔츠도 선물하였다. 이렇게 서로를 향한 애틋한 마음은 깊어만 갔다.

그레이스는 결혼보다 진학을 선택했다. 대학에 진학하여 셰익스피어 드라마, 영어, 화법, 발성법, 연설 그리고 프랑스어를 공부했다. 찰스도 명문 포모나 대학에 진학했다. 아버지 헨리는 찰스처럼 앞으로 농장을 관리 할 사람에게 머리만 부풀리는 대학교육이 꼭 필요하다고 생각하지 않았다. 그러나 어머니의 주장은 달랐다. 타협할 수 없을 만큼 강력했다. 막내아들까지 모두다 대학 공부는 시켜야한다고 주장하였다. 어머니 덕분에 포모나 대학에 진학하게 된 것이다. 어머니는 대학생이 된 찰스에게 멋진 양복을 선물해 주셨다. 찰스는 대학 생활에 쉽게 적응했다. 유명한 미식축구 선수로 좌측 수비수(Left Tackle)인 최고의 선수였다. 미식축구에 자신감을 가진 찰스는 성적도 우수해 졸업반이 될 당시 학생회장을 맡았다. 또한 찰스는 미식축구팀 주장을 맡았으며 자신의 팀을 미식축구 리그 우승팀으로 만들었다. 이것은 대학 역사에 남는 대단한 업적이었다.

몸이 약한 그레이스는 운동선수들을 좋아했다. 그레이스에게 건장한 축구 선수인 찰스가 운동장을 질주하는 모습은 예술 자체였다. 야생마에게서 느끼는 매력을 느꼈다. 그래서 찰스가 선수로 뛰는 경기장을 자주 찾았다. 포모나 대학팀이 경쟁하는 라이벌 팀과 경기할 때에는 운동장에 긴장감이 흘렀다. 어느 날 찰스가 뛰는 팀이 라이벌 팀을 이기게 되었다. 선수들은 최우수 선수인 찰스를 환호하면서 무등을 태우고 운동장을 돌았다. 최고 선수가 느낄 수 있는 행복한 순간이었다. 그레이스는 호수같이 맑고 큰 눈으로 흐뭇하게 찰스를 바라보았다. 찰스도 그레이스가 앉아있는 관중석을 보고 있었다. 그날 승리를 축하하는 성대한 파티가 열렸다. 찰스는 파티장의 스타였다. 파티석상에 멋진 연미복을 입고 멋있게 서있는 찰스를 바라보는 것만으로도 그레이스는 한없이 행복했다. 그런데 자세히 보니, 그날 말쑥하게 입은 찰스의 귀 뒤쪽에 거친 경기의 흔적이 남아있었다. 운동장 흙이 아직 묻어 있었던 것이다. 그런 순수하고 멋진 찰스가 마냥 좋았다.

찰스는 만능 스포츠 선수였다. 미식축구 선수로 자주 신문 지상을 장식했다. 투포환 선수로 메달을 받기도 했다. 대학에서 그는 화학을 전공하였고, 수학과 과학에 재능을 보였다. 찰스가 화학을 전공한 데에는 이유가 있었다. 아버지가 운영하시는 오렌지 농장에 도움이 되고 싶었기 때문이다. 오렌지 농장을 잘 운영하기 위해서는 비료를 사용해야 하는데 토질 성분에 따라 처방이 달라졌다. 찰스는 토질을 과학적으로 분석하고 토양에 가장 적절한 비료를 선택하는 화학적 원리를 배우고 싶었다. 그는 대학생으로 후배 1학년 학생들에게 화학을 가르치는 우수선배학생으로 뽑히기도 했다. 대학을 다니면서 시야가 넓어진 찰스는 생각이 바뀌었다. 진로를 생각하면서 졸업 후에 YMCA 총무로 일하면 좋겠다는 생각을 했다. 찰스는 1910년 우등생으로 포모나 대학을 졸업했다.

찰스는 토론하는 것을 좋아했다. 화학을 전공하는 동안 찰스는 토론클럽에서 활동했다. 무엇보다 여자 친구가 화술을 전공하고 있기 때문이었다. 연설과 낭송을 전공하는 그레이스에게 자극을 받아 찰스도 대학에서 연설하는 법과 토론하는 법을 기초부터 잘 배울 수 있었다. 사랑은 서로를 동경하게 했다. 하나님께서는 이렇게 두 사람을 특별히 말씀을 전하는 설교자로, 라디오 매체를 통해 말씀을 전하는 전문가들로 훈련시키신 것이다. 방송 중에 그레이스가 청취자의 편지를 읽으면 자연스러우면서도 우아한 목소리가 청취자를 사로잡았다. 어디서 들을 수 없는 낭송이 특별했다. 그레이스는 전문 방송인으로 훈련 받은 것에 대해 자랑스럽게 생각했으며 언제나 하나님께 감사했다. 찰스의 설교는 웅변적이며 논리가 뛰어났다. 찰스는 대학시절에 배운 토론 방법을 사용하여 자신의 논리를 확실하게 펼쳤으며 당대의 논리들을 반박하여 클라이맥스에 이르게 하였다. 또한 강렬한 신앙적 도전으로 결론을 내리는 설교 방법을 대학에서 배웠다. 돌아보면 하나님의 섭리가 드러난다. 첫 사랑, 운동, 토론모임, 방송, 리더십 그리고 설교자 만들기 속에 하나님의 손길이 섬세하게 움직이고 있었다.

2부

하나님이 쓰시는 사람

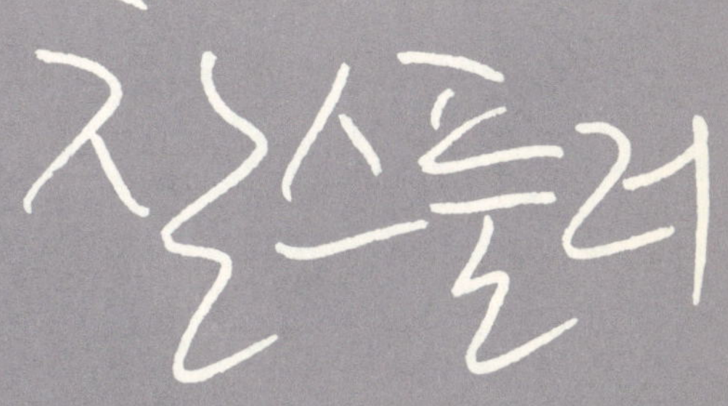

chapter 2 하나님이 쓰시는 사람

1. 요나의 기도

포모나 대학 졸업반이 된 찰스는 전공인 화학 과목에서 두각을 나타냈다. 담당 교수님은 학구적인 찰스를 조교로 임명했다. 찰스는 영어나 독일어 그리고 스페인어 등 언어학 쪽에는 별로 힘을 쓰지 못했지만, 전공과목인 화학분야에서는 빼어난 학생이었기 때문이다. 학교에서 교수님의 인정을 받는 학생은 행복하다. 특히 교수님을 가까이 돕는 조교가 된다는 것은 기쁜 일이었다. 학교에 등록금을 내는 대신 월급을 받기 때문이었다. 찰스는 조교 월급을 한 푼도 쓰지 않고 모았다. 특별한 뜻이 있었기 때문이었다. 돈을 모아서 아름다운 반지를 샀다. 그레이스에게 줄 약혼반지를 준비하기 위해서였다. 기다리던 여름이 왔다. 방학을 맞은 찰스는 그레이스가 살고 있는 오리건 주로 한걸음에 달려갔다. 하얀 구름도 찰스의 마음처럼 그와 함께 두둥실 떠갔다.

당시 캘리포니아는 금광으로 유명했다. 1910년 대학을 졸업하자 아버지는 찰스에게 광산에 가서 일하라고 하셨다. 아버지 헨리가 소유한 금광으로 가서 광부들을 돌보라는 뜻이었다. 마음에 드는 일은 아니었다. 하지만 성품이 온유한 찰스는 아버지의 뜻에 따르기로 했다. 광산은 캘리포니아 포레스트 힐 산맥 부근의 깊은 산골짜기에 있었다. 금광 가까운 곳에 강이 흐르고 있었으나 다니기에는 아주 불편한 곳이었다. 광산으로 가는 길은 고생길이었다. 기차를 타고 가서 20마일 이상을 더 걸어 들어가야 했다. 나머지 5마일은 가파른 언덕길을 올라가야만 했다. 대학을 갓 졸업한 꿈 많은 청년에게는 산속 광산은 답답하고 감옥과 같은 곳이었다. 찰스가 광산에서 보낸 1년 6개월은 참으로 외롭고 힘든 시간이었다. 지금까지 살아온 생활과는 전혀 다른 생활환경에 적응해야 했다. 낮에는 힘든 육체노동에 시달려야 했다. 그래도 주일을 지켰다. 주인인 아버지 헨리의 명령으로, 주일에는 모든 일꾼들이 편히 쉴 수 있었다. 찰스는 광부들과 생활패턴이 달랐고, 다른 곳으로 외출은 할 수 없었기에, 주일이 되면 그 동안 못 보던 책을 읽고 편지를 쓰고 사색에 잠기는 시간을 가졌다. 당시 찰스는 신앙인이었지만 영적인 면에 대해 별로 관심을 갖지 않았다. 그래서 광부들에게 성경공부를 시킨다거나, 예배를 인도한다거나 하는 일은 상상할 수도 없었다. 사실 찰스는 대학 공부를 하면서 신앙에서 조금 멀어졌었다. 성경 말씀보다는 다윈의 진화론에 대한 공부를 더 많이 하였고 당시 지성인들과 같이 섞여 진화론이 창조론보다 더 과학적인 것으로 인식하고 있었다. 찰스는 도덕적이고 인격적인 청년이었지만, 대학에서 과학 방법론을 공부하면서 믿음생활과는 상당히 멀어져 갔던 것이다. 광산에서의 생활은 정말 힘들고 참기 어려웠다. 매일 반복되는 일과도 지겨웠다. 하지만 아버지의 말씀을 거역할 수 없었다. 이렇게 찰스는 산 사람으로 살아가고 있었다.

어느 날 폭우가 쏟아졌다. 빗줄기는 더욱 강해졌다. 광산 옆을 흐르는 아메리칸 리버 강물이 불어나 수위가 점점 높아진다는 소식이 들려왔다. 수위가 높아지면 문제가 발생한다. 위기상황이 벌어진다. 무엇보다 광산으로 들어가는 전선이 물에 잠기지 않게 하기 위해, 갱도에서 일하는 일꾼들을 보호하기 위한 조치를 취해야만 했다. 전선을 7미터 정도 더 높여야 했다. 모두들 급하게 움직였다. 찰스는 작은 개인용 나무 보트를 타고 강을 건너야만 했다. 케이블을 손으로 잡고 강을 건너는 도중에 문제가 발생했다. 큰 파도가 보트를 덮치고 말았다. 순식간에 보트는 뒤집혔고 찰스는 파도에 휩쓸려 사라졌다. 모두가 지켜보는 가운데 실로 눈 깜짝할 순간에 일어난 일이었다. 파도의 회오리바람처럼 찰스에게 휘몰아치는 것을 바라보던 사람들은 외마디 작은 신음소리를 냈을 뿐이었다. 침묵이 흘렀다. 이런 생황에서라면 아무도 나설 수 없을 것이며 시체도 찾기 어려울 것이다. 침묵이 흐르는 순간 사람들은 모두 같은 마음이었다. 찰스가 살아날 가망은 없다. 절망감과 좌절감이 교차하며 시간이 흘러갔다. 한참 후에 놀라운 일이 벌어졌다. 찰스가 강 저쪽 편 언덕에 모습을 드러낸 것이었다. 누구도 상상할 수 없는 거의 초인적인 힘을 보여준 것이다. 모두가 기뻐하면서도 경악을 금치 못했다. 찰스는 강가에 쓰러져있었다. 케이블을 잡고 물속에서 파도를 헤치고 나오면서, 찰스는 그가 가진 젖 먹던 힘까지 다 써서 소진하고 말았던 것이다.

찰스는 파도에 감겨 물속에 빠져 들어가면서, 죽음의 시간이 자신에게 성큼 다가온 것을 느꼈다. 짧은 순간이었지만, 지금까지 살아온 날들이 주마등처럼 스쳐지나갔다. 생생한 장면들이었다. 나는 지금까지 어떻게 살았는가? 깊은 물속에서 찰스는 요나처럼 기도했다.

"하나님, 살려주세요! 저를 살려주시면, 언제나 주님만 섬기겠습니다!"

이 말이 떨어지기가 무섭게 초인적인 힘이 솟아났다. 거센 물살을 헤쳐 나갈 소망이 일었다. 찰스가 이렇게 죽음의 문턱에서 살아난 것은 감사한 일이었다. 찰스는 삶과 죽음의 갈림길에서 드린 절실한 기도를 통해 살았다고 간증했지만, 다시 살아난 찰스는 간증과 달라졌다. 하나님과의 약속을 금방 잊어버렸다.

아버지의 명령이 떨어졌다. 1911년 봄, 아버지는 찰스에게 오렌지 농장으로 돌아와 농장 일을 거들라고 했다. 이 말을 들은 찰스는 기뻤다. 무엇보다 사랑하는 그레이스 곁으로 갈 수 있었기 때문이었다. 집으로 돌아온 찰스는 결혼을 서둘렀다. 그리고 10월 21일 그레이스와 행복한 결혼식을 올렸다. 수많은 사람들이 축복했다. 드디어 꿈에 그리던 아름다운 신부 그레이스와 결혼 생활을 시작하였다. 지방신문은 두 사람의 결혼소식을 알렸다. 그레이스는 전형적인 가정주부가 되어 알뜰하게 살림을 꾸려 나갔다.

찰스는 세일즈맨으로 시작했다. 찰스가 대학에서 화학을 전공한 것은 땅의 화학 성분을 분석하기 위해서였다. 농장의 땅에서 토양 샘플을 추출하여 화학적인 분석과정을 거치면 답이 나온다. 오렌지가 잘 자라는 비옥한 땅을 만들기 위해 무슨 성분이 부족한지를 알 수 있다. 찰스는 그런 일을 좋아했다. 땅에 딱 맞아 떨어지는 비료를 처방하는 일을 하고 싶었다. 그런데 그 꿈은 생각보다 빨리 이루어졌다. 레들랜드에 있던 비료회사에서 찰스를 좋은 조건으로 채용한 것이다. 찰스는 기뻤다. 자기가 꿈꾸어왔던 바와 같이 농장을 운영하는 주인들을 찾아가, 땅의 화학 성분을 분석해주고, 그 농장에 적합한 화학비료를 처방하는 일을 하게 된 것이다. 농장 주인들은 즐겁게 찰스를 맞아 주었다. 찰스가 농장을 방문하는 횟수만큼 화학비료는 팔려나갔고, 찰스는 유능한 세일즈맨으로 자리매김을 하게 되었다. 그러나 이 작은 행복은 오래가지 못했다.

● 풀러 오렌지 상표

날씨가 문제였다. 1912년 겨울은 몹시도 추웠다. 땅이 얼어붙기 시작했다. 극한 추위는 오렌지 농장에는 치명적인 타격이다. 찰스는 자신이 일구어 놓은 오렌지 농장 나무가 얼지 않도록 히터를 설치했지만 소용이 없었다. 1912년에는 더 큰 추위가 몰려 왔다. 큰 위기를 맞이해 오렌지 나무를 살리기 위해 찰스와 그레이스는 온 정성을 다 쏟아 부었다. 하지만 그 해 겨울은 너무 추웠다. 필사적인 모든 노력이 물거품이 되었다. 열정과 정성, 기술도 아무 소용이 없었다. 살을 에는 겨울바람에 얼어버린 오렌지 나무는 죽어버렸고, 꿈을 키우던 농장은 폐허가 되어버렸다. 처절한 좌절의 시간이 다가왔다. 주위에 있는 다른 농장들도 사정은 마찬가지였다. 이미 폐허가 되어버린 농장 주인들에게 찰스는 더 이상 비료를 팔 수 없었다. 그래서 비료회사 일을 그만둘 수밖에 없었다. 다른 선택이 없었다. 힘들여 가꾸던 오렌지 농장에서는 아무 소출이 없었다. 이제 농장을 다시 일으킬 자본도 없었다. 그는 피눈물을 머금으며 농장을 포기했다. 그리고 레들랜드를 떠나기로 결심했다. 마침 플레센티아에 있는 큰 운송회사에서 매니저를 구한다고 했다. 찰스가 접촉하자 회사에서 좋아했다. 찰스는 그 쪽으로 자리를 옮기게 되었고, 플레센티아로 이사를 했다. 새로운 직장에서 새로운 삶이 시작되었다.

2. 어느 토요일의 만남

풀러의 모든 식구들이 레들랜드에 살고 있을 때였다. 레들랜드는 날씨가 좋아 환자 들에게는 천국과 같다. 동부에서 미세스 반힐이라는 한 여인이 요양하기 위해 이사를 왔다. 그녀는 학교에서 학생들을 가르치던 교사였는데, 캘리포니아에서 가르치기 위해서는 교직과목을 더 이수해야 했다. 그런 사정도 있고, 생활비를 벌기 위해 가게에서 점원으로 일을 했다. 하루에 11시간씩 일을 하였으며 주급은 5달러였다. 그녀는 오래 전에 그레이스 패이튼 부모의 집에 살았던 적이 있었다. 그레이스는 반힐 부인의 성품에서 향기로운 그리스도인의 모습을 보고 매료되었다. 반힐 부인은 예수님을 뜨겁게 사랑하고 있었다. 복음을 전하고 싶은 열정으로 가득하였다. 그레이스 패이튼이, 1909년 시카고 대학에서 여름 방학을 맞아 집에 돌아왔다. 그녀는 시카고 대학에서 배운 것들을 자랑스럽게 이야기했다. 무엇보다 신앙적인 면에서, 그레이스는 가족들과 반힐 부인에게 유니테리언(Unitarian)적인 관점이 본인 생각에는 가장 지성적인 신앙이라고 선언하였다. 유니테리안은 하나님 한 분만을 유일신으로 믿고 경배하는 유일신교로써 예수 그리스도는 훌륭한 스승으로, 사랑스러운 분으로 받아들이지만, 신성을 가진 인자이신 하나님으로 인정할 수는 없다는 입장을 취하고 있었다. 이런 주장을 하는 그레이스를 조용하고 품위 있게 바라보던 반힐 여사가 입을 열었다.

"그레이스, 예수님께서 말씀하시기를 '나로 말미암지 않고는 아버지께로 올 자가 없느니라' 고 하셨어요. 그레이스가 그 예수 그리스도를 하나님의 아들 구세주로 받아들이지 않으면 하나님께로 갈 수 있는 길이 없는데, 어떻게 하나님을 알고 믿고 경배할 수 있겠어요?"

그레이스는 아무 말도 할 수 없었다. 그리고 후일에 이렇게 고백했다.

"반힐 여사가 인용하는 성경 말씀은 성령의 검으로 내게 다가와 나의 영혼과 관절과 골수를 쪼개고 말았다. 예수로 말미암지 않고는 하나님께로 갈 수 없다는 말씀을 듣는 순간 번개가 번쩍했다. 내가 가지고 있던 유니테리안 신앙은 내 마음에서 영원히 죽어버렸고, 당시에 내가 아무 말도 하지 못했지만, 예수님을 믿게 되었으며, 하나님의 말씀을 믿고, 그리스도 안에서 새로운 피조물이 되었습니다." 한여름 밤, 이렇게 그레이스는 예수님을 통해 거듭남을 경험하였다. 이것은 약혼자인 찰스 풀러에게도 신앙적으로 영향을 미치게 되었다. 반힐 부인은 그레이스에게 좋은 영적인 모델이 되어 주었고 훌륭한 멘토가 되어 주었다.

반힐 부인은 그레이스와 찰스 풀러가 결혼을 하고, 플레센티아로 이사한 후에도 그녀는 계속해서 영적인 교제를 나누며 영향을 주었다. 정기적으로 집을 방문하여 영적인 유익함을 끼쳐 주었기에 그레이스는 반힐 부인을 언제나 반겼다. 그레이스는 반힐 부인에 대해 이렇게 소개했다.

"반힐 부인은, 참 품위가 있는 분입니다. 멋있는 분이세요. 유머센스가 있으시고 사람의 마음 깊숙한 것까지 이해하시는 분입니다. 사람을 깊이 사랑할 줄 아는 포근한 사랑을 가진 분입니다. 저는 반힐 부인을 사랑하고 존경합니다. 저희 남편 찰스도 그분을 좋아하고요. 또한 반힐 부인께서는 지성적이시며 명석하신 분이십니다. 책을 많이 읽으셔서 어떤 주제로 이야기를 해도 지적으로 막힘이 없으시지요. 그러나 그분의 특징을 한 마디로 이야기한다면, 특별한 그리스도의 사랑으로 가득한 분이라고 할 수 있습니다. 그 분의 일생은 성경과 함께 살아 온 인생이라고 할 수 있을 것입니다."

찰스 풀러는 아이 욕심이 많았다. 적어도 다섯이나 여섯은 낳아야겠다고 생각했다. 그런데 곧 그레이스가 임신을 했다는 소식이 들렸다. 얼마나 기쁜 소식이었는지 한 동안 너무나 행복한 마음을 감출 수 없었다. 그런데 임신한지 얼마 지나지 않아 산모의 건강이 나빠졌고 곧 검진을 받았다. 결과는 임신중독증이었다. 그레이스는 힘들어했다. 그리고 마침내 아이를 사산하여 잃고 말았다. 하늘이 무너지는 아픔과 땅이 꺼지는 고통의 충격을 함께 겪었다. 산모의 건강은 더욱 나빠졌다. 기운이 떨어지고 급기야 폐결핵으로까지 발전하고 말았다. 나을 기미가 보이지 않고 결핵은 점점 심해졌다. 각혈하는 그레이스는 격리된 장소에 있어야 했다. 특수 제작된 침대에서 날마다 누워 지내야만 했다. 염증은 고열을 동반하였으며 언제나 열이 있었다. 폐결핵은 누구든 가까이 오면 전염될 수 있었다. 그러기에 남편도 그저 바라만 볼 뿐 가까이가지 못했다. 2년 이상을 젊은 부부가 가까이 가지도 못한 채 서로 바라만 보아야 했다. 이런 심한 증세는 3년간이나 계속되었다. 그레이스는 좀 나아지는 듯하다가 다시 재발하기를 반복했다. 터널의 끝은 보이지 않았다. 이렇게 침대에서만 10여년 가까이 병치레를 하였다. 그동안 그레이스를 간호하는 젊은 찰스 풀러의 정성은 눈물겨울 정도로 대단하였다. 그레이스는 집을 떠나 어머니와 함께 공기가 좋은 빅베어(Big Bear) 호숫가로 요양을 가게 되었다. 환경을 바꿔주면 기력을 되찾고 건강이 좀 더 좋아질 것이라는 기대를 가졌다. 이렇게 둘은 사랑하지만 서로 떨어져 생활할 수밖에 없었다.

병은 많은 것을 앗아갔다. 장기간 병고를 치르며 그레이스의 모습은 몰라보게 변해갔다. 곱던 얼굴은 일그러졌다. 산모가 아이를 복중에서 잃어버린 슬픔은 형언할 수 없는 아픔이었다. 하루 24시간 동안 몸을 자유롭게 움직일 수 없는 병, 결핵은 그레이스에게서 친구들을 모두 앗아갔다. 친구들 사이에서 명랑 쾌활하게 지내온 그레이스에게 홀로 침대를 지킨다는 것이 얼마나 큰 고통인지는 말할 필요가 없었다. 그레이스는 깊은 외로움을 참아야만했다. 그렇게 좋아하는 책도 읽을 수 없었고 깊은 생각에 잠기는 것조차 기력이 떨어져 어려웠다. 힘든 날들이 계속되었다. 요양한다는 것은 힘든 고행이었다. 특히 도와야 할 남편에게 짐이 된다는 사실이 가정적인 성격의 그레이스의 마음에 큰 부담이 되었다. 그러나 그레이스는 긴 요양 기간 동안 변함없는 사랑으로 곁을 지켜준 찰스 풀러를 생각하며, 하나님께 감사하였고 남편에게 감사했다. 이런 고난과 질곡의 길을 걸으며, 두 사람은 열정적인 젊은이의 사랑보다는 부드럽고 깊이 있는 사랑을 서로 배워가게 되었다.

3. 터닝 포인트

서로 사랑하는 젊은 부부가 떨어져 지내는 것보다 더 큰 고통은 없었다. 그런 찰스 풀러에게 공휴일이나 일요일은 고역이었다. 당시에는 정기적인 교회생활도 하지 않았고, 일요일이면 신문이나 보고, 차를 닦고,

다른 사람들이 하는 것처럼 주위를 어슬렁거리며 시간을 죽이는 것이 전부였다. 너무도 무료한 날들이었다.

아내를 빅베어로 요양 보낸 어느 토요일 오후였다. LA판 신문을 보던 찰스의 눈이 갑자기 빛이 나며 커졌다. 대학생 때 운동선수 생활을 하며 알고 지냈던 유명한 이름이 거기 있었다. 폴 라이더(Paul Rader)는 풀러가 대학생일 때, 아주 유명한 복싱선수였으며, 후에는 레슬링 선수가 되었다. 수많은 챔피언 메달을 획득한 운동선수들의 우상이었다. 그러던 그가 변화 받아 부흥 전도자가 되어 집회를 한다는 광고였다. 그는 당시 시카고 '무디 기념교회'의 담임 목사였는데, 이번에 서부에서 제일 유명한 장로교회인 오픈 도어 교회(The Church of the Open Door)에서 집회를 한다는 기사였다. 찰스는 무슨 일이 있어도 꼭 가보아야겠다고 생각했다. 1917년 폴 라이더는 38세였지만, 전성기 때와 다르지 않았다. 아직도 거구의 강철 인간, 그 모습 그대로였다. 그의 영혼을 사랑하는 뜨거운 열정, 은혜 충만한 말씀의 능력은 누구도 막을 수 없었다. '새로 나타난 엘리야'라는 별명이 붙은 라이더는 불을 토했다. 대중 집회를 통하여 수많은 영혼들을 주님께로 돌아오게 하는 당대의 설교자였다. 성령께서 그를 특별하게 사용하셨다. 그의 말씀은 청중들의 영혼을 파고들었고 진리를 밝히 드러냈다. 사람들은 죄를 회개하고 그리스도 앞에 무릎을 꿇었다. 놀라운 성령의 역사가 계속되었다.

한편 찰스 풀러는 집회 장소에 들어가면서도 별 기대는 하지 않았다. 그저 호기심뿐이었다. 어떻게 변했을까? 유명한 운동선수 출신의 설교자를 보고 싶다는 생각 정도였다. 그는 라이더 목사를 가까이 보았다. 유명한 복싱 선수 모습이 그대로 남아있었다. 챔피언답게 단련된 몸매를 갖고 있었다. 찰스는 챔피언 라이더가 복싱 글러브를 끼고 있는 모습을 상상하면서 설교를 들었다.

라이더의 설교는 달랐다. 그가 생각하던 것과는 달리 전혀 새로웠다. 라이더의 설교가 시작되자마자 전혀 새로운 설교자의 모습이 드러났다. 지금까지 들어 본 적이 없는 강하고 능력 있는 말씀이 흘러나왔다. 성령께서 강하게 역사하는 것을 모두가 느낄 수 있었다. 전혀 상상하지 않았던 일이 벌어지고 있었다. 설교 주제는 '동굴 밖으로 나오라' 였다. 폴 라이더는 선포했다. 성령의 조명이 없는 인간은 동굴 속에 갇혀 있는 존재이다. 그것은 하나님께서 예비하신 놀랍고 영광스러운 것들을 전혀 볼 수 없는 맹인과 같다. 볼 수 있는 방법은 무엇인가? 먼저 동굴 밖으로 나와야 한다. 하나님께서 약속하신 하나님의 축복을 깨닫기 위해 동굴 밖으로 나오라! 설교를 듣는 가운데 성령께서 찰스를 깨닫게 하셨다.

'찰스야, 너는 지금 동굴 속에 있다. 너의 동굴에서 나오라!' 그리고 찰스를 개인적으로 만나주셨다. 그의 곤고한 마음을 만지시고 깊은 확신을 심어 주셨다. 그의 몸은 떨리고 있었다. 자신에게 무슨 일이 일어나고 있는지 이해할 수 없을 정도로 매우 혼란스러웠다. 예배를 마치고 헐리우드 부근의 프랭클린 공원으로 차를 몰았다. 더 이상 운전할 수 없었다. 가로수 밑에 차를 세웠다. 찰스는 차 뒷좌석 바닥에 무릎을 꿇고 앉아 기도하기 시작했다. 하나님의 놀라운 역사를 감당하는 사람이 되게 해달라고 간절히 기도했다. 기도하는 동안 어느새 다음 집회 시간이 되었고, 다시 집회 장소로 가서 폴 라이더의 설교를 들었다. 찰스는 지금까지 사업을 하면서 돈을 벌어야겠다는 생각으로만 가득 차있던 자신을 돌아보며 모든 면에서의 자유를 느끼고 있었다. 이제는 동굴에서 나와 어떻게 하면, 하나님께 쓰임을 받아 영혼을 구원하는 일을 시작하느냐가 관건이었다. 집으로 돌아온 찰스는 요양 중인 아내에게 자신의 신앙경험을 바탕으로 편지를 썼다.

'사랑하는 그레이스, 어떻게 지나시나요? 날마다 당신을 생각하며 기도합니다. 이번에 나는 놀라운 경험을 했습니다. 나의 삶이 완전히 변했습니다. 지난 주일 나는 로스앤젤레스에 가서 폴 라이더 목사님의 설교를 들었습니다. 평생에 그런 설교는 처음 들어보았습니다. 에베소서 1장 18절 말씀을 중심으로 말씀하셨지요. '너희 마음 눈을 밝히사 그의 부르심의 소망이 무엇이며 성도 안에서 그 기업의 영광의 풍성이 무엇이며 그의 힘의 강력으로 역사하심을 따라 믿는 우리에게 베푸신 능력의 지극히 크심이 어떤 것을 너희로 알게 하시기를 구하노라' 그 말씀을 들은 이후로 저의 삶의 목적과 야망이 변했습니다. 지금 저의 생각은, 돈을 버는 것을 저의 삶의 목표로 삼지 않고 하나님께서 저를 써 주신다면 그 분을 섬기고 싶습니다. 아마 하나님께서 저에게 선교지 아프리카로 가라고 하실 지도 모릅니다. 저는 저녁집회에도 참석했습니다. 폴 라이더 목사의 말씀을 또 듣고 싶었기 때문입니다. 거의 말씀은 하늘에서 내리는 만나였습니다. 제 마음은 기쁨으로 터질 것 같았습니다. 살아 움직이는 하나님의 말씀을 들으며, 그동안 제가 남보다 사업을 더 잘해 보겠다고 열심을 내던 일, 더 많은 돈을 벌어보겠다던 여러 생각들이 사라졌습니다. 저의 빈 마음은 하나님 생각으로 가득 찼습니다. 이제 하나님께만 쓰임 받고 싶어졌습니다. 하나님께서 원하신다면, 영혼을 구원하는 일에 내가 쓰임 받고 싶은 생각으로만 가득해졌습니다.'

찰스 풀러는 성령의 역사를 통해 새로운 사람이 되었다. 전혀 새로운 경험을 하게 되었고 설교말씀을 하나님의 음성으로 받아들였다. 그의 삶은 놀랍게 변하게 되었다. 전혀 기대하지 않았던, 그 토요일 오후의 특별한 경험이 위대한 복음 전도자 찰스 풀러를 있게 했다. 찰스 풀러는 이제 전혀 새로운 사람이 된 것이다.

이 편지를 받은 그레이스는 기뻐 눈물을 흘렸다. "주님, 감사합니다. 주께서 부르시는 곳이라면, 어디든 갈 것입니다. 남편과 함께 아프리카도 좋습니다. 그러나 거기는 날씨가 너무 무덥지 않나요?"

집으로 다시 돌아온 그레이스는 찰스의 변화된 모습을 볼 수 있었다. 주말 신문이나 잡지를 뒤적이던 습관이 사라졌다. 이제는 성경을 모두 암송하겠다고 결심하였고 시간이 날 때마다 성경을 읽고 암송하는 습관이 생겼다. 부부가 나누는 대화의 주제도 세속적인 주제에서 점점 영적인 주제로 옮겨 갔다.

찰스 풀러는 부잣집 막내아들로 자라 큰 어려움을 몰랐었다. 명문 대학에서 우수한 학생이 받을 수 있는 수많은 상을 받았으며, 미식축구팀의 주장이었고 인기가 높았다. 꿈에 그리던 첫 사랑을 만나 결혼을 했고 캘리포니아에서 제일 큰 운송회사의 책임자로 돈도 잘 벌고 있었다. 외견상 무엇 하나 부족한 것 없어 보이는 그에게 영적인 갈급함이 자리하고 있었다. 아내가 요양 중이었기에 더욱 곤고함이 있었으리라. 빈들에 마른 풀 같은 그의 영혼에 성령의 단비가 내린 것이다. "하나님 저를 써 주시옵소서! 무슨 일이든 순종하겠습니다." 기도는 하였지만 막상 과연 하나님께서 그를 어떻게 사용하실지 몰랐다. 사무실에 돌아오니 밀린 업무들이 그를 기다리고 있었다. 찰스는 다시 일속에 파묻히고 말았다.

찰스 풀러는 자신을 돌아보았다. '쳇바퀴처럼 돌아가는 일과는 오렌지 한 박스에 얼마를 더 받을 것인가에 집중되어 있다. 오렌지 운송을 다 하고 나면, 영원히 남을 일은 없다. 단지 최고의 가격을 받기위한 경쟁만 남아있을 뿐이다.'

성령께서 조용히 찾아오셨다. 1919년 4월 어느 날 아침, 오렌지 회사 사무실에 앉아있는 그에게 주를 위해 전임 사역자로 헌신하고자 하는 마음이 노도처럼 다시 몰려왔다. 도저히 사무실에 있을 수가 없었다. 어디 조용한 곳으로 가서 혼자 기도를 해야 할 것 같았다. 아래층에는 종업원들이 바쁘게 일하고 있었다. 조용한 곳은 창고뿐이었다. 찰스는 오렌지 박스를 보관하는 뒤쪽 창고로 가서 무릎을 꿇었다. 복음을 선포하는 데 전생을 드리라는 강한 도전이 있었지만, 대학 토론 클럽에서 힘들게 토론하던 생각이 떠올랐다. 설교자는 말이 어눌해서는 되지 않는데, 어눌한 내가 어떻게 할 수 있겠는가? 사탄은 찰스 풀러가 설교자가 되면 아주 완전히 실패한 설교자가 될 것이라는 생각을 집어넣었다. 논리적인 결론이었다. 내가 지금 이 회사 총 매니저 자리를 떠나고 나면 무엇을 해서 먹고 살 것인가? 가족들이 생활하는 생활비 문제가 아니라 당장 얼마 전에 구입한 20에이커 오렌지 농장의 상환금은 어떻게 갚을 것인가? 답이 보이지 않았다.

산처럼 큰 문제들이 앞을 막았다. 이런 실질적인 문제들이 처음에는 무척 커 보였다. 다시 사무실로 돌아왔을 때, 하나님의 손길이 그를 다시 무릎 꿇게 했다. '오, 주님, 이제 주님의 길을 가겠습니다. 저의 입술은 둔하지만, 복음을 전하겠습니다. 지금 이 자리를 그만두고, 제가 사역을 위하여 준비하는 동안 주께서 어떻게 저의 필요를 채워주시는지 믿고 기다리겠습니다.' 결단을 내리고 나자 말할 수 없는 고요와 평안이 찾아왔다. 이제는 움직이는 일만 남았다. 찰스는 1919년 가을학기에 바이올라 신학교에 들어가기 위해 매니저를 그만 둔다고 통고했다. 회사 이사들이 말리기 시작했다. “찰리, 자네는 목회하기엔 너무 아까운 사람이야. 여기 좋은 자리에서 계속 일하라고. 목회자들이야, 일주일에 하루, 설교할 때만 일하잖아. 그래가지고 어떻게 먹고 살아. 자네가 목회하면 식구들 밥 굶기게 될 텐데, 잘 생각해보라고.” 찰스는 결심했다. 이제는 더 이상 머뭇거리지 않겠다. 뒤돌아서지 않겠다. ‘내가 복음을 전하지 않으면, 내게 화가 있으리라.’

내일을 모르는 결정을 내렸다. 이렇게 찰스 풀러는 안정된 직장을 그만두고, LA 성경대학(바이올라 대학)에 진학하게 되었다. 전혀 새로운 인생이 펼쳐지게 된 것이다. 그로부터 15년 후, 그는 모교 바이올라 대학의 이사장이 될 것임을 꿈에도 몰랐다. 바이올라 대학은, 전 미국에서 무디 성격학교 다음으로 큰 성경 대학이다. 이 경험을 통해 그는 학교 운영에 대해 잘 배우게 될 것이다. 하나님께서는 그를 들어 라디오 전파를 통해 전 세계에 복음을 전하고, 땅 끝에 있는 영혼들을 주 앞으로 인도하게 될 것이다. 폴 라이더처럼 뜨거운 열정으로 잃어버린 영혼들을 천국으로 불러 모을 것이다. 풀러신학교를 통하여 수많은 영적 지도자들을 길러내게 될 것이다.

4. 토리 교수와의 만남

스승이 제자를 결정한다는 말이 있듯이, 찰스 풀러는 바이올라 대학에서 좋은 스승들과 만났다. 그 중에서 최고의 스승은 루벤 토리 교수였

● 스승 루벤 토레이

다. 루벤 토리는 무디 선생과 아주 가까운 분으로 무디의 마음을 누구보다 잘 아는 인물이었다. 무디 선생께서 토리 교수를 직접 지명하여 시카고에 무디 성경학교를 설립하도록 하였고, 토리 교수는 10년 동안 무디 성경학교학장으로 일했다. 무디 사후에는 '무디 기념교회'의 후계자가 되었다. 토리 교수의 리더십을 바탕으로 무디 성경학교는 좋은 교수들을 초청하여 학교수준을 높여 나갔고, 학적인 면과 실천적인 면의 균형을 잘 이루도록 하였다. 그는 무디 기념교회를 담당하여 목회하였고 설교자이며 복음전도자였다. 3년 동안 세계 순회 전도집회를 인도하여 115,000명의 결신자를 얻은 것으로도 유명하다. 루벤 토리는 LA 성경학교인 바이올라 대학 학장으로 초빙 받는 조건으로 집회가 가능한 3,000석 규모의 예배당을 요구했다. 이 요구는 정당하게 받아들여져 예배당은 1913년 완공되었다. 찰스가 입학한 1919년, 그는 새로 설립된 바이올라 대학에서 제자들을 양성하고 있었다.

당시 바이올라 대학은 영어 성경(English Bible)을 가지고 성경공부를 강조하는 것으로 유명하였다. 토리 교수도 신학대학원 출신이었지만, 무디 성경학교의 성경을 강조하는 교육이 성경이외의 학문을 강조하는 신학대학원 교육보다 더 효과적이라고 확신하고 있었다. 1920년 바이올라 카탈로그에는 그 내용이 간략하게 적혀있다.

"바이올라 대학은……. 대학 졸업생과 신학대학원 졸업생들을 위한 학교이다. 대학과 신학대학원에서 배운 지식을 바탕으로 더욱 철저하게 영어 성경을 연구하며, 교회 사역을 위한 철저한 실천 방법, 성경을 가르치는 가장 효과적인 방법을 배우는 곳이다. 목회 현장에서 목회하고 있는 목회자들도 보다 철저하고 정확한 성경 지식을 함양하기 위해 입학할 수 있다."

루벤 토리와의 만남은 극적이었다. 그가 가르치는 설교학 강의는 철저하게 실천적이었는데 당시 학생들은 설교 준비에 최선을 다했다. 설교학 시간에 찰스는 '가인과 아벨'에 대해 설교했다. 당시 강의 스타일은 교수는 자리에 앉아있고 학생이 강단에서 설교한 후 학생의 설교에 대한 교수의 평가를 듣는 방식이었다. 찰스의 설교가 끝나자, 루벤 토리는 눈을 감았다. 그의 하얀 수염이 더 하얗게 보였다. 그리고 잠시 침묵이 흘렀다. 찰스는 약간 긴장한 눈치였다. 깊은 생각에 잠겼던 토리 교수가 천천히 입을 열었다.

"젊은이, 하나님께서 앞으로 자네에게 큰일을 맡게 하실 것이야."

루벤 토리는 학생들에게 설교에 대해 반복해서 설명하고 다음 몇 가지를 강조했다.

"어떤 주제로 설교를 하든지, 그리스도의 십자가를 중심으로 설교해야 한다. 그리고 성경에서 말하고 있는 '천국'에 대해서 자주 반복해서 설명하는 것을 잊어서는 안 된다."

찰스는 이 충고를 가슴에 새겼다. 이것이 찰스 풀러의 특징이 되었다. 후에 그의 설교를 들은 사람들은 찰스 풀러의 설교에는 언제나 십자가가 중심에 있고 천국에 대한 내용이 자주 반복되고 있음을 알 수 있다.

설교학 교수였던 루벤 토리는 〈성경은 무엇을 가르치는가?〉라는 책을 썼는데, 이 책은 바이올라 대학 교재였다. 토리는 이 책에서 성경을 가르칠 때, 어떻게 가르칠 것인가에 대하여 구체적인 방법을 제시하고 있다. 먼저 주제를 설정하고 주제가 말하는 전제를 선포하라 그리고 그 말씀에 대한 증거를 성경 말씀을 통해 설명하라. 적절한 성경 말씀을 인용하라. 여러 가지 성경 말씀을 사용하여 충분히 납득할 수 있게 하라. 이런 내용이다.[1] 찰스 풀러가 소장하고 있던 토리의 책에는 여러 가지 내용들이 자세하게 적혀 있다. 찰스 풀러는 그의 방송설교에서 토리의 설교방법을 기본으로 사용했다. 항상 말씀에서 주제를 정했으며 성경 말씀으로 설명하고, 성경 말씀을 인용함으로 하나님의 메시지가 듣는 사람의 마음에 깊이 파고들 수 있도록 철저하게 말씀 중심으로 설교했다.

찰스 풀러는 수많은 설교를 남겼다. 그 가운데 가장 오래된 것은

1) 루벤 토리는 당시 근본주의 지도자 중 한 사람으로 대다수의 근본주의자들과 같이 세대주의자(Dispensationalist)였다. 그는 대환란이 있기 전에 교회는 공중으로 휴거한다고 믿었다.

1921년 대학원 졸업식에서 했던 '광야 길을 인도한 구름기둥' 일 것이다. 그는 광야 길을 가던 이스라엘 자손을 구름 기둥으로 인도하신 하나님의 말씀을 시작했다.

"구름은 무엇인가? 일반적으로 구름은 불확실한 물질이다. 믿을만한 것이 못된다고 여겨진다. 그럼에도 불구하고, 이 구름을 통해 이스라엘은 하나님의 임재를 보았다. 하나님의 보호하심을 경험하였다. 매순간 인도하심을 받았다. 믿음의 대상이 될 수 없고 불확실하게 보이는 구름을 통해 놀라운 일이 일어났다. 하나님께서 상상할 수 없는 축복을 이스라엘에게 베푸신 것이다. 구름기둥은 하나님께서 일으키신 사건이다. 이는 그리스도를 상징한다. 외모로 볼 때에 연약하고, 불쌍한 사람, 십자가에 달려 죽어간 사람이 예수 그리스도이시다. 인간적으로 볼 때 불확실해 보인다. 믿을만한 것이 못된다고 여겨진다. 그러나 바로 그 분을 통해 우리는 하나님의 임재를 즐길 수 있다. 하나님의 능력과 보호를 경험하게 된다."

구름기둥 설교에서 대부분의 사람들은 이스라엘이 광야 40년 동안 방황하는 것에 대해 설교할 것으로 기대하고 있는데, 찰스 풀러는 구름기둥에서 그리스도를 형상화해 낸 것이다. 찰스는 다음과 같이 결론을 맺었다.

"이제 몇 시간 후면 우리는 떠납니다. 우리가 함께 지냈던 2년간의 대학원 연구와 친교를 마치고 흩어지게 될 것입니다. 우리들은 바이올라 교문을 나가 세계 여러 곳으로, 각각 다른 방향으로 흩어지게 될 것입니다. 어떤 이들은 모국에서 사역할 것이고, 어떤 이들은 바다를 건너 언어와 문화가 다른 사람들 가운데서 사역하게 될 것입니다. 우리가 기도하고 바라는 바가 있습니다. 우리 모두가 어느 곳에 있든지 우리 주 예수 그리스도께서 원하시는 곳에서 사역할 수 있기를 소망합니다. 바로 그곳에 구름 기둥이 필요하지 않겠습니까! 우리의 구름기둥, 예수 그리스도의 임재와 능력과 보호하심이 필요합니다. 우리가 공중에서 주님을 만나도록 들림 받기 전까지 우리가 사역하는 날 동안, 예수님은 우리의 사역지에서 우리와 함께 하시기를 기뻐하실 것입니다. 아무리 어둡고 힘든 광야 길이라 할지라도(우리는 반대에 부딪힐 것이고, 오해를 받을 것이고, 많은 어려움을 만나게 될 것이며 마음이 아프고 몸이 지치게 되겠지만) 우리 앞에는 구름기둥이 항상 있을 것입니다. 이스라엘 자손들이 광야 길에서 경험한 바와 같이 하나님의 임재가 우리 앞에 있습니다. 하나님의 능력이 있습니다. 하나님의 보호하심이 있습니다. 하나님은 우리의 방패이십니다. 우리의 구원자이십니다. 하나님은 실수가 없으신 완벽한 인도자이십니다. 우리가 하나님을 그냥 믿기만 하면, 따르기만 하면, 하나님께서 우리를 하나님의 뜻대로 사용하시기 위해 지키실 것입니다.[2] 우리는 그저 믿기만 하면 됩니다. 매일, 매 순간마다 믿습니다. 폭풍과 바람이 불어도, 내 믿음이 작아져도 예수님만 믿습니다. 그분만 의지합니다. 이것이 모든 것의 모든 것입니다. 세월 지나가도록 의지할 것뿐입니다. 매 순간마다, 무슨 일을 만나도 예수 의지합니다. 우리가 믿을 구름기둥은 예수님이십니다."

2) 'kept for the Master's use' (주인이 쓰시기 위해 구별하셨다)는 졸업반의 모토였다.

바이올라를 졸업한 후, 졸업생들은 각 곳으로 흩어졌다. 찰스 풀러는 '오렌지 카운티 기독 면려회(Christian Endeavour)' 회장이 되었다. 회장의 임무는 여러 기독 면려회 모임을 방문하고 집회를 인도하는 것이었다. 오렌지 카운티 기독 면려회는 '오렌지 쥬스(the Orange juice)' 라는 월간지를 발행하였다. 복음의 열정으로 충만한 찰스는 가는 곳마다 복음을 증거 하였고, 그리스도의 십자가를 선포하였다.

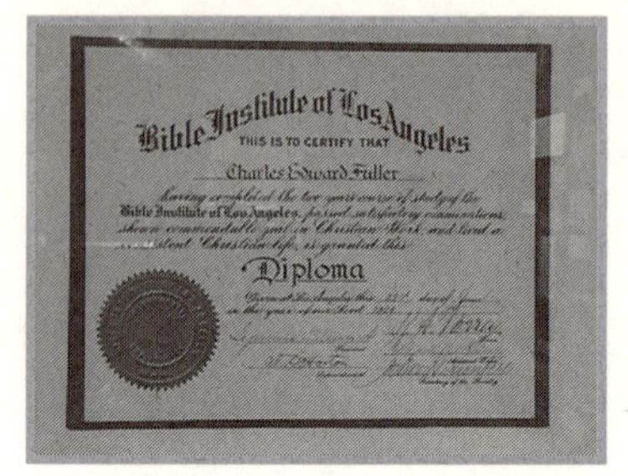
Bible Institute of Los Angeles
THIS IS TO CERTIFY THAT
Charles Edward Fuller
Diploma

● 바이올라 졸업장

찰스는 산을 자주 찾았다. 복음에 대한 열정으로 사로잡힌 그는 그레이스와 함께 캠핑 도구를 갖추고 산으로 들어가 광부들에게 복음 전하기를 즐겨했다. 일반적인 방법으로는 복음을 들을 기회가 주어지지 않는 사람들을 찾아가기를 즐겼다. 광산에서 일하는 광부들, 깊은 산에서 원목을 베는 벌목하는 사람들 그리고 목축을 하는 사람들을 찾아갔다. 그들은 복음을 접하지 못한 사람들이었기 때문이다. 찰스가 광산에서 보낸 시간들은 외롭고 힘든 경험이었지만, 그 경험을 통해 그들을 더 잘 이해하고 그들에게 적절한 말씀을 전할 수 있었다. 이렇게 일상적인 방법으로는 만나기 어려운 사람들을 찾아가려는 마음에 품고, 찰스는 라디오 전파매체를 통해 복음을 전하게 되었다.

찰스 풀러는 1962년 2월 풀러신학교 학생들에게 전도에 대해 강의하면서 이렇게 말했다.

"저는 진정으로 거듭난 경험을 한 직후, 마음에 부담을 갖고 즉시 산속에 있는 광부들을 생각하고 그들을 찾아가야만 한다는 생각을 했습니다. 산속에서 원목을 자르는 벌목공들을 찾아가야만 한다는 생각을 했습니다. 목축을 하는 목동들을 찾아가야만 한다는 생각을 했습니다. 시골마을을 찾아가야 한다는 생각을 했습니다. 어떻게 해서 그런 생각이 났는지는 저도 알지 못합니다. 언젠가 제 아내와 시에라(Sierras) 산장에서 휴가를 보낼 때, 헌팅턴 호숫가에 베이스를 두고, 배낭을 지고, 담요를 가지고 사람들이 사는 동네를 찾아 나섰습니다. 가는 길에는 산봉우리에서부터 로스앤젤레스까지 연결되는 수로를 만드는 사람들이 있었습니다. 그들을 만나면 반가웠습니다. 전도지를 전해주고 예수님의 말씀을 들려주었습니다. 대부분 모임 장소가 없기 때문에, 야외에서 자연스럽게 말씀을 선포했는데, 부르기 쉬운 복음 찬송도 부르며 모임을 인도했습니다. 언젠가 약 500명 가량이 모였을 때, 저는 간증을 하고 복음을 전했습니다. 한참 복음을 설명하고 있는데, 아직도 술이 덜 깬 한 친구가 소리쳤습니다.

"야, 말도 안 되는 소리하지 마, 너는 엉터리 거짓말쟁이야."

나는 담대하게 맞받아쳤습니다.

"그만 하시오. 헛소리 한 번만 더하면, 멱살을 비틀어, 저 산 밑으로 던져버릴 것이요!"

그래도 그 사람은 멈추지 않고 계속 시비를 걸었습니다. 주위에 있던 몇 사람이 그를 데리고 나가 주어 말씀을 계속 할 수 있었습니다. 저는 끝까지 말씀을 전했습니다.

여러분, 이런 전도의 생생한 경험들이 저로 하여금 라디오 설교사역을 잘 할 수 있도록 주님께서 준비시켜 주신 일이었습니다. 저는 방송 설교를 시작 하면서 산꼭대기에서 일하는 일군들을 떠올렸습니다. 외로운 산골짜기에 살고 있는 사람을 염두에 두고 말씀을 준비하고 전했습니다. 제가 라디오를 통해 복음을 전할 때, 도심 속에 살고 있는 사람들, 아파트에 거주하는 사람들이 아닌 저 땅 끝에 사는 사람들, 산골짜기에 사는 사람들에게로 내 마음은 달려갔습니다. 저의 초창기 전도 사역지가 산골짜기였던 것은 우연이 아닙니다. 그 외롭고 힘든 사람들을 만나 개인 전도를 하게 하신 경험은 하나님께서 저를 라디오 사역을 위해 준비시킨 토양이었습니다."

바울은 말합니다. '복음을 전하지 않으면 내게 화가 있으리라!' 모든 사람이 다 전도의 은사를 받은 것은 아닙니다. 그러나 어떤 성령의 은사를 가졌든 그 은사는 전도를 위해 사용되어야만 합니다. 우리가 하는 모든 일은 전도를 목적으로 하고 있습니다. 설교에는 분명한 목적이 있습니다. 먼저 설교를 듣는 사람들이 어떤 영적인 상태에 있는지 알아야 합니다. 그들은 그리스도로부터 멀어져 있습니다. 죄와 허물 가운데 죽어 있습니다. 이 세상의 법을 따라 살고 있습니다. 공중의 권세 잡은 자의 능력으로 살고 있습니다. 불순종의 자녀들 가운데 역사하는 영이 있습니다. 그들이 회개하고 복음을 받아들이지 않는다면, 그들은 영원한 심판을 면할 수 없다는 사실을 알아야 합니다. 하나님은 천국의 문을 열어놓고, 그들을 기다리고 계십니다. 이것이, 제가 지난 수년 동안 방송 사역을 통하여 전한 메시지의 전부였습니다.

3부

말씀은 **라디오**를 타고서

찰스풀러

chapter 3

말씀은 라디오를 타고서

1. 갈보리 교회의 탄생

교회와의 갈등은 보이지 않게 꿈틀거리고 있었다. 1914년 4월 시무 장로로 안수 받고, 주일학교 부장 등 교회 일에 앞장섰던 찰스 풀러는 교회에 핵심적 리더였다. 그러나 찰스 풀러 장로는 행정보다는 성경공부 모임에 관심을 기울였다. 작은 교회였기에 일꾼이 부족하였다. 찰스는 장년 성경공부를 계속 인도했다. 가르치면서 배웠다. 성경에 심취한 풀러는 열정적으로 성경을 강해했다. 성경말씀을 실제 생활에 적용하는 구체적인 방안을 제시했다. 당시 사람들은 주로 오렌지 농장과 오렌지 사업에 관련된 일을 하고 있었다. 오렌지 사업 경험이 많은 찰스 풀러는 그들의 마음과 상황을 쉽게 이해할 수 있었다. 누구보다 언어와 문화가 잘 통했다. 호흡이 잘 맞았다. 1921년 플레쎈티아 장로교회 본당은 125석이었다. 본당은 성경공부 장소로 턱없이 비좁았다. 여기저기서 몰려오는 사람들을 더 이상 수용할 수 없었다. 찰스 풀러의 '플레쎈티아 성경강

● 갈보리 교회를 개척한 찰스 풀러

좌' 는 여기 저기 소문이 났기 때문이다. 인근 지역인 풀러튼, 산타아나 그리고 포모나 등지에서 사람들이 매주일 몰려왔다. 이 사역을 통해 새로 믿기로 작정하는 사람들도 생겨났다. 풀러의 성경공부에 참석하는 인원이 많아지는 만큼 교회 내부 갈등도 커져갔다.

성경공부는 예배 전에 모였다. 9시30분부터 10시30분까지 모이는 성경공부 시간에는 자리가 모자라 불편했다. 11시에 시작하는 주일 대예배에는 자리가 너무 비어서 민망할 정도였다. 교회에서는 곧바로 예배 준비를 해야 했기 때문에 성경공부를 마치고 나서 사람들이 서로 교제하는 친교 시간을 갖지 못하도록 제한했다. 이런 문제들을 해소하기 위해 넓은 곳으로 옮겨야 했다. 1921년 4월 성경공부 장소를 교회에서 가까운

3) 새로운 장소는 교회에서 두 블록 떨어진 곳이었다. The meeting house of the Placentia Round Table Club House라는 긴 이름을 가진 곳이었다.

곳으로 옮기기로 결정했다.[3] 새로운 장소는 175석으로 교회 본당보다 조금 넓었다. 그러나 이것이 문제의 발단이 되었다. 성경공부로 모이는 장소, 새로운 장소로 옮기는 결정을 당회의 결의가 없이 결정했다는 것이 문제가 된 것이다. 일부 장로들은 풀러 장로를 못마땅하게 생각하기도 했다.

1921년 10월 13일 당회가 모였다. 문제가 된 '성경공부 모임'에 대해 다음과 같은 결정을 하였다.

01 주일학교 부장은 장년 성경공부의 실행위원이 되어 모든 성경공부반에서 일어나는 결정에 참여하고, 성경공부 활동과 모든 모임이 있을 때에는 주일학교 부장에게 알려야 한다.

02 담임 목사와 주일학교 부장에게 성경공부에 참여하는 모든 사람들의 명단을 제출해야한다. 장년 성경공부 모임은 단독으로 결정하지 말고 교회의 다른 활동계획과 함께 계획해야 한다.

10월 27일 당회록에는 이런 기록이 있다.

"성경공부 모임에서 해외 선교사를 돕기 위해 300달러를 후원하기로 결정했다고 한다."

1922년부터 성경공부 모임은 모임회지를 만들었다. 찰스 풀러는 플레쎈티아 장로교회에 출석하고 있었으며 당회 서기로 섬기고 있었지만, 4페이지나 되는 성경공부 회지에 교회 이름이 빠져있다는 것을 교회에서는 별로 좋아하지 않았다. 신학을 공부한 젊은 장로가 가르치는 성경공부에 많은 사람들이 몰려드는 것을 싫어했다. 찰스 풀러가 무디의 후계자인 루벤 토리(Reuben Torrey)나 폴 라이더(Paul Rader)처럼 열정적으로 성경을 강해하고, 무디가 부르던 복음송가 부르는 것을 전통적인 장로교회는 받아들이기 어려워했다. 전통적인 교회와 근본주의(Fundamentalism) 성향을 가진 성경공부 그룹과는 문화적인 거리감이 생기게 되었다. 오해와 불신은 계속 커져갔다.(후일에 찰스 풀러는 당시를 회고하면서, 그 때는 젊었고, 신학교에서 배운 대로 해보고 싶은 생각과 말씀에 대한 열정이 많아서, 좀 더 지혜롭고 덕스럽게 사역을 했어야 했는데 사랑이 부족하여 교회와의 관계에 있어서 본인의 실수도 많이 있었다고 고백했다.)

1923년 새로운 담임 목회자가 부임했다. 새롭게 부임한 젊은 목회자는 강하게 통제했다. 그는 교회당이 아닌 다른 곳에서 성경공부가 이루어지고 있는 것을 못마땅하게 생각했다. 그리고 주일학교 부장에게 교회당에서 모이는 장년 성경공부 모임을 새로 조직하라고 지시했다. 풀러를 빼고 교회에서 새로운 성경공부 모임을 조직한다는 소식을 들은 찰스 풀러는 깜짝 놀랐다. 젊은 목회자는 정면승부를 택한 것이었다. 1924년 1월 주일학교 교사 모임에서 주일학교 부장이 공식적으로 광고를 한 것이다. 찰스가 물었다.

"부장님, 교회에서 새로 장년 성경공부반을 조직한다는 것은, 지금까지 제가 지도하고 있는 성경공부반은 이제 더 이상 본교회 교육부에 속하지 않는다는 뜻입니까?"

"예, 그렇습니다."

찰스는 고민에 빠졌고 충격을 받았다. 교회 장로이며 당회원인 자신이 어떻게 처신하는 것이 가장 덕스러운 결정이 될 것인가를 생각했다. 성경공부를 차제에 그만 두는 것이 어떨까? 내가 결정하기보다는 성경공부에 나오는 사람들이 결정하도록 하면 어떨까? 여러 생각을 하다가 성경공부에 참석하는 사람들에게 투표로 결정하도록 하였다. 투표 결과는 모두 계속해서 찰스 풀러가 인도하는 성경공부에 참여하고 싶다는 것이었다. 풀러 장로와 릴리(Lillie) 장로 두 사람은 1924년 1월 31일 당회에 시무 사임서를 제출하였다.

성경공부반은 계속 성장해갔다. 선교사를 후원하고 어려운 사람들을 돕기 위해 도르가 여선교회가 조직되었다. 해외 선교사를 위한 기도회가 조직되었다. 이제 4명의 선교사를 후원하게 되었다. 선교사들에게서 오는 편지를 그레이스가 모임에서 낭독했다. 모두가 행복했다. 성경공부반에는 열정과 사랑이 넘쳐났다.

성경공부 모임은 1925년 2월 젊은이들에게 널리 이름이 알려진 앤더슨 목사를 초청하여 3주 동안 텐트집회를 갖기로 했다. 수백 명이 들어갈 수 있는 텐트를 쳐서 간이시설을 만들고 집회를 시작했다. '플레쎈티아를 향한 하나님의 초청' 이라는 주제를 내 걸었다. 먼저 어린이들을 초청해서 말씀의 잔치를 열었다. 그리고 오전 10시와 저녁 7시30분에 집회를 열었다. 많은 사람들이 참석하여 식구들이 늘어났다. 주일학교가 조직되었다. 그리고 나서 성인들이 더욱 늘어나자 성경공부반보다는 정식교회로 조직해야 한다는 의견이 많아졌다. 찰스 풀러는 말씀을 가르치는 일에 우선순위를 두었기에 새로운 교회를 조직한다는 것에 대해 처음에는 부정적인 생각을 가지고 있었지만 이제는 어쩔 수가 없었다. 찰스 풀

● 방송설교시 함께 한 성가대

러는 1924년 5월 4일 침례교단에서 안수를 받고 갈보리 교회의 담임목사가 되었다.

● 4중창 반주자

갈보리 교회는 계속 성장했다. 열정적인 설교와 헌신적인 교인들의 봉사로 사역자들이 많이 생겨났다. 교회가 조직된 지 9개월 만에 16명의 젊은이들이 전임사역자로 헌신했다. 해외 선교사로 파송되는 선교사들의 간증집회는 교인들에게 선교의 열기를 고조시켰다. 첫해 헌금은 모두 6천3백 달러였다. 그 중에서 3천5백 달러를 선교사 후원비로 사용했다. 4만1천 달러를 건축 예산으로 400석 규모의 교회당과 부속 교육관을 직접 설계하여 완공하였다. 첫해에 주일학교 학생 180명과 성인 142명이 출석하였다. 그 중에 57명은 새로 믿기로 작정한 사람들이었다. 찰스 풀러가 목회하는 8년 동안 갈보리 교회는 일곱 배로 성장했다. 50명으로 시작되어 3백70명으로 성장한 것이다.

찰스 풀러는 교회에 방송기술과 복음전도를 접목했다. 갈보리 교회 성가대와 함께 바이올라 방송국을 통하여 방송사역을 시작했으며 계속 확장해나갔다. 1930년 2월 23일, 찰스 풀러의 갈보리 교회 예배 실황을 '오렌지 나라의 소리(The Voice of the Orange Empire)' 로 저녁 8시~9시까지 방송을 시작하였고, 1931년 봄에는 3개의 방송국을 통하여 주일 방송을 계속했다. 바이올라 방송국을 통해서는 주일 오후 방송을 계속하였다. 1931년 9월, 목요일 저녁 롱비치에 있는 KGER 방송국을 통하여 라디오 성경 강좌를 시작하는 등 라디오 방송사역이 계속 늘어났다. 목요 방송은 갈보리 교회 프로그램이 아닌 도빈스(Dobyns) 신발 공장 2층에 있는 방송국 스튜디오에서 녹음했다. 성가대와 함께 50여명이 반달 모양으로 앉아서 설교를 듣는 형식이었다. 찰스 풀러는 녹음을 할 때 청중들이 앉아있으면 더 좋은 설교를 할 수 있었고 청취자들은 더욱 현장감 있는 메시지를 들을 수 있었다. 이것이 찰스 풀러 설교의 특징이었다.

찰스 풀러는 교회를 통해 전도를 강조했다. 여러 집회를 열고 목회를 하는 동안 찰스 풀러의 마음에는 아직도 무언가 답답한 것이 있었다. 지역에 묶여있는 갈보리 교회 사역보다 광범위한 사역을 하고 싶은 마음이 서서히 움트고 있었다. 찰스 풀러는 교회에서 목회자 사례비를 전혀 받지 않았다. 오래 전부터 가지고 있던 오렌지 농장에서 충분한 수입이 들어왔기 때문에 교회에서는 일체 사례를 받지 않고 있었다. 그러므로 복음 전도자로 새로운 사역을 시작하는 데에도 좀 더 자유로울 수 있었다. 찰스는 바울의 본을 따라 텐트 메이킹(Tent Making)을 하며 생활비를 충당하였고 자유롭게 주님의 사역을 감당했다. 오직 하나님의 부르심에 따라 앞으로 나아갔다.

2. 사망의 골짜기 ■ ■ ■ ■

1920년대 오렌지 농장 사업은 찰스 풀러에게 재정적 풍족함을 제공했다. 사업은 계속 커나갔고 재산 규모도 커져갔다. 그러나 시련은 다시 예고 없이 찾아왔다. 그 고난은 1929년 경제 대공황으로부터 시작되었다. 1929년은 모두에게 힘든 해였다. 무엇보다 부동산 가격이 폭락했다. 은행에서는 모든 융자금을 회수해갔다. 갑자기 흉년이 든 농장 주인들은 당시의 참담한 현실에 충격을 받아 농장을 포기하기도 했다. 거리에는 직업을 찾지 못한 무직자들이 넘쳐났다. 직장에서는 구조조정을 단행하여 고용을 줄이고 임금을 삭감하는 처방을 내렸다. 그런 와중에서도 찰스 풀러는 잘 견디고 있었다. 자기와 함께 일하는 노동자들을 한 사람도 내 보내지 않으며 힘든 순간을 함께 견디어갔다. 자신만 살려면 극단적인 처방을 내려야 했지만, 찰스 풀러는 딸린 식구들을 생각하며 함께 인고의 날을 견디면서 경기가 회복되기만을 기다리며 기도했다.

조금만 참으면 되는 줄 알았다. 당시 사업을 하던 대부분의 사람들이 예상한 바와 같이, 찰스도 이런 불경기는 조금 시간이 지나면 해결되고 모든 것이 정상을 찾게 될 것으로 보았다. 하지만 그의 예상은 빗나갔다. 부동산 가격은 더 떨어졌다. 빚은 눈덩이처럼 불어났다. 설상가상으로 집이 경매에 넘어갔다. 농장 일꾼들을 생각하여 농장을 포기하지 않았던 찰스에게 결정적인 위기가 다가온 것이다. 1931년은 어느 해보다 힘들고 모진 한 해였다. 찰스는 당시 캘리포니아에서 가장 좋은 지역에 30만평

정도의 대규모 농장을 운영하고 있었다. 그가 돈을 벌기위해 농장을 운영했다고 말할 사람은 아무도 없다. 자신을 하나님께 온전히 바친 다음 그는 모든 것을 주님을 위해 그리고 복음을 전하기 위해 드렸다. 농장도 그런 사역을 후원하기 위한 것이었다. 농장을 통해 복음전도를 위해 더 많은 물질을 드리고 싶었다. 이렇게 순수한 마음을 가진 그에게 시련이 몰려온 것이었다.

채권자들은 찰스를 심하게 다루었다. 빨리 돈을 갚지 않으면 파산을 시키겠다고 협박하는 사람도 있었다. 찰스는 그리스도인으로 좋은 간증을 남기고 싶었다. 그가 융자금을 다 갚지 못해서 파산한다는 것은 상상할 수 없는 일이었다. 그를 돕는 계리사와 변호사들과 여러 번 상의해 보았지만 뚜렷한 해결책은 없었다. 암담한 현실 앞에서 생존을 위한 투쟁을 계속할 뿐이었다.

하나님께서는 왜 신실한 하나님의 사람에게 이런 경제적 고통을 안겨주시는가? 이런 피를 말리는 고통은 5년 동안이나 계속되었다. 찰스와 그레이스는 로마서의 약속을 믿었다. '하나님을 사랑하는 자 곧 그 뜻대로 부르심을 입은 자들에게는 모든 것이 합력하여 선을 이루느니라' (로마서 8:28) 끝없는 좌절과 고통의 나락에서 생존하기 위한 처절한 노력을 하면서 찰스는 가난한 자의 아픔과 실패한 자의 고뇌를 깊이 이해하게 되었다. 그는 눈물 젖은 빵과 고난의 쓴잔을 맛보았다. 1932년 4월이 되었을 때 경제 사정은 더욱 악화되었다. 식사준비를 위해 시장에 갈 돈마저 없었다. 아는 가게에 가서 양해를 구하고, 식료품을 조금 외상으로 구입하고 몇 달 후에 돈을 갚기도 하였다. 개인 파산을 선언하지 않고 은행의 대출 상환금등의 문제를 해결하기 위해 풀러 부부는 그레이스 부모가 남겨준 유산을 처분하여 사용해야만 했다. 수십 년 동안 장인어른께서 의사 생활을 하면서 모았던 모든 재산을 빚 갚는데 써야 한다는 사실에 아버지의 사랑을 많이 받았던 효녀 그레이스는 아파했고 견디기 어려워했다. 그녀는 수술 후유증으로 힘든 나날들이었지만 아픔을 참고 견디며 찰스를 끝까지 사랑하고 따라주었다.

1933년 어느 날, 기도하다 지친 그레이스는 찰스의 서재에 들어갔다. 하나님께서 책을 잡게 하시고 펴서 읽게 하셨다. 설교집이었다. 스펄전이 런던에서 설교한 예레미야 33장 3절 내용이었다. 그 구절이 그녀에게 응답으로 다가왔다. 후일 그레이스는 기록했다. "내가 어려움 가운데서 하나님께 부르짖었다. 하나님께서는 나를 서재로 인도하시고, 스펄전의 설교집을 펴게 하셨다. 그 말씀은 나에게 위로가 되었으며, 우리를 향한 하나님의 뜻이 분명히 있음을 확신하게 하셨다."

깊은 고뇌에 찬 기도 가운데 설교말씀을 마음으로 읽었다. 매일의 말씀을 통해서 말씀과 함께 평안을 주셨다. 1934년 7월 27일이었다. 기도하는 마음에 주신 말씀은 '우리가 주를 의지하오니' 였다. 재정적인 문제로 채무자, 변호사 등 많은 사람들에게 시달리고 지친 영혼을 위로해주시려고 하나님께서 말씀을 주신 것이다. 하나님께서 안식을 주신 것이다.

> 대저 주께서 나로 전쟁케 하려고 능력으로 내게 띠 띠우사 일어나 나를 치는 자로 내게 굴복케 하셨나이다 **시 18:40**

> 그러므로 내가 그리스도를 위하여 약한 것들과 능욕과 궁핍과 핍박과 곤란을 기뻐하노니 이는 내가 약할 그 때에 곧 강함이니라 **고후 12:10**

> 아사가 그 하나님 여호와께 부르짖어 가로되 여호와여 강한 자와 약한자

사이에는 주 밖에 도울 이가 없사오니 우리 하나님 여호와여 우리를 도우소서 우리가 주를 의지하오며 주의 이름을 의탁하옵고 이 많은 무리를 치러 왔나이다 여호와여 주는 우리 하나님이시오니 원컨대 사람으로 주를 이기지 못하게 하옵소서 **대하 14:11**

여호사밧이 소리를 지르매 여호와께서 저를 도우셨도다 **대하 18:31**

여호와께 피함이 사람을 신뢰함보다 나으며 여호와께 피함이 방백들을 신뢰함보다 낫도다 **시 118:8,9**

많은 군대로 구원 얻은 왕이 없으며 용사가 힘이 커도 스스로 구하지 못하는도다. 구원함에 말은 헛 것임이여 그 큰 힘으로 구하지 못하는도다 **시 38:16,17**

우리의 씨름은 혈과 육에 대한 것이 아니요 정사와 권세와 이 어두움의 세상 주관자들과 하늘에 있는 악의 영들에게 대함이라. 그러므로 하나님의 전신갑주를 취하라 이는 악한 날에 너희가 능히 대적하고 모든 일을 행한 후에 서기 위함이라 **엡 6:12,13**

찰스 풀러의 삶은 언제나 말씀으로 결정된다. 매 순간 펼치는 성경을 통해 하나님께서 그에게 말씀하시고, 말씀을 통해 격려해 주시고 위로해 주셨다. 다시 찾아온 어려움에 고민하는 그에게 말씀을 주셨다. 이날이 1934년 9월 2일이었다.

너는 여호와를 바랄지어다 강하고 담대하며 여호와를 바랄지어다 **시27:14**

너는 알지 못하였느냐 듣지 못하였느냐 영원하신 하나님 여호와, 땅 끝까지 창조하신 자는 피곤치 아니하시며 곤비치 아니하시며 명철이 한이 없으시며 피곤한 자에게는 능력을 주시며 무능한 자에게는 힘을 더하시

나니 사40:28,29

두려워 말라 내가 너와 함께 함이니라 놀라지 말라 나는 네 하나님이 됨이니라 내가 너를 굳세게 하리라 참으로 너를 도와주리라 참으로 나의 의로운 오른손으로 너를 붙들리라 사 41:10

주는 포학자의 기세가 성벽을 충돌하는 폭풍과 같을 때에 빈궁한 자의 보장이시며 환난당한 빈핍한 자의 보장이시며 폭풍 중에 피난처시며 폭양을 피하는 그늘이 되셨사오니 사 25:4

이는 너희 믿음의 시련이 인내를 만들어 내는 줄 너희가 앎이라 인내를 온전히 이루라 이는 너희로 온전하고 구비하여 조금도 부족함이 없게 하려 함이라 약 1:3,4

그러므로 너희 담대함을 버리지 말라 이것이 큰 상을 얻느니라. 너희에게 인내가 필요함은 너희가 하나님의 뜻을 행한 후에 약속을 받기 위함이라 히 10:35,36

그레이스도 말씀으로 인도받았다. 그레이스 풀러는 이렇게 적었다. '막다른 골목에 선 우리에게 주시는 얼마나 놀라운 위로의 말씀인지 얼마나 놀라운가!' 말씀으로는 위로를 받았지만 상황은 점점 더 어려워졌다. 이런 힘든 상황에서 그레이스는 큰 수술까지 받아야 했다. 재정은 바닥을 치고 있었다. 하지만 어려운 과정에서도 하나님께서 일용할 양식을 주시고 필요를 채워주셨다. 찰스 풀러는 가난한 마음으로 진정한 감사를 배웠다. 무화과 나무에 열매가 없어도 감사했다.

사면초가에 놓인 찰스 풀러는 믿음의 비밀을 간직하고 있었다. 잠잠히 하나님의 인도하시는 손길을 기다렸다. 깊은 어두운 상황 가운데 하나님은 다른 계획을 가지고 계셨다. 지금까지 찰스는 사업관계로 많은 시간을 투자해야만 했다. 그가 커나가는 사업관계로 시간을 많이 쓰면 쓸수록 복음전도 사역에는 시간을 낼 수 없었다. 이것이 사역에 타격이 되었다. 그는 교회 교역자로 목회를 할 뿐만 아니라, 여러 선교단체 이사로 봉사하고 있었다. 바이올라 대학의 재단 이사장으로 일할 때였다. 당시 바이올라 대학도 불경기의 여파로 재정적인 압박에 힘들었다. 찰스 풀러는 많은 시간과 물질을 그곳에 투자하게 되었다. 이런 아픈 과정을 거치면서 복음 사역에 직접 관계되지 않은 많은 사업들을 정리하고, 오직 복음을 위해 집중하도록 하나님께서 찰스 풀러를 인도하신 것이다. 복음전도만을 위한 정금이 되게 하신 것이다.

"내 마음에는 하나님의 말씀을 전파하여 영혼을 구원해야겠다는 열정이 불타고 있다. 믿는 자들에게는 하나님의 말씀을 공부하라고 말해주고 싶다. 신자들이 기도하며 성경을 공부하면 하나님의 은혜 안에서 성숙하게 되고, 하나님을 아는 지식이 풍성해 진다."

이런 견딜 수 없는 열정 때문에, 사정이 좋지 않다고 주위 친구들이 말리는 가운데에서 믿고 기도하며 방송 선교사역을 계속하였다. 믿음으로 말씀사역을 넓혀갔다. 그리고 하나님의 섭리를 믿었다.

3. 다니엘이 죽어가요!

전화벨이 울렸다. 수화기 저편에서 들려오는 목소리는 울먹이고 있었다. 무언가 불길한 예감이 들었다. 아들 다니엘의 폐렴이 악화되고 있다는 소식이었다. 그레이스는 그 긴박한 순간을 눈물로 전해온 것이다. 수화기를 든 찰스의 온몸은 사시나무처럼 떨고 있었다. 당시 찰스 풀러는 도저히 인간적인 방법으로는 해결의 실마리가 보이지 않는 재정문제를 처리해 보려고, 변호사와 상담을 하고 있던 중이었다.

"여보, 다니엘이 죽어가요!"

"자세히 설명해 보시오."

"다니엘의 맥박이 잡히지 않고 있어요. 가래가 너무 많이 생겨서 기도를 막고, 호흡이 곤란한데다 기침을 심히 하는데, 아주 힘들어하고 있어요."

"병원에 연락을 했나요?"

"병원에 연락을 취하고, 의사 선생님을 불렀고요, 소방서에 전화해서 호흡을 도와줄 산소통을 가지고 오라고 부탁했어요. 당신이 빨리 와 주어야 하는데… 어떡하죠?"

"알았소. 곧 가겠소."

1932년 1월 8일이었다. 결혼한 지 10년이 넘어 낳은 아들이었다. 이삭과 같이 생명처럼 귀한 은혜로 주신 아들이었다. 하나 밖에 없는 아들 다니엘이 죽어가고 있다는 소식이었다. 견딜 수 없는 고통이 몰려왔다. 마음은 큰 바위에 부딪히는 파도처럼 부서지고 있었다.

아침에도 의사가 왕진을 왔었다. 의사가 권하기를, 다니엘을 앞으로 돌려 뉘어 놓으면 기침을 잘 하게 되고 가래가 쉽게 빠져 나올 것이라고 하였다. 아이를 앞으로 돌려 눕혔더니 계속 기침을 하면서 가래를 뱉어 냈다. 그러다가 가래가 기도를 막아 호흡곤란이 생긴 것이었다. 호흡을 하지 못하는 다니엘은 얼굴이 창백해지면서 죽어가고 있었다. 이곳저곳 병원에 연락했으나 의사와 즉시 연결이 되지 않아 구급처방을 할 수 있는 소방차를 부른 것이었다. 급하게 도착한 의사는 다니엘의 맥박을 짚었다. 맥박이 전혀 잡히지 않았다. 몸에 검은 반점이 생기고 있었다. 죽어가고 있다는 증거였다.

"혹시 에테르(ether)와 올리브기름이 있습니까?"

"네, 여기 있습니다." 그레이스는 즉시 에테르와 올리브오일을 가져왔다. 의사는 둘을 섞어 관장제(灌腸劑)로 사용하였다. 관장제가 몸에 흡수되자 기침이 멎었다. 호흡이 다시 돌아왔다. 아이는 편안하게 누워있었다. 의사는 이런 치료 기술은 한 번도 사용해 본적이 없었으나, 의학 저널에서 읽었던 것이 생각나 시도해 보았다고 했다. 이렇게 위급상황은 모면했지만 근본적인 치료를 위해서 큰 병원으로 가능한 빨리 옮겨야 했다.

찰스는 즉시 집으로 돌아가기 위해 방문 중이던 변호사 사무실을 빠져나와 엘리베이터를 탔다. 몸에 기운이 없어지며 다리에 힘이 빠져 금방이라도 주저 앉아버릴 듯 몸이 무거웠다. 온몸에서 모든 기운이 다 빠져 나가는 것을 느꼈다. 하늘은 노랗고 천정은 빙글빙글 도는 것 같았다. 어떻게 걸었는지 모른다. 차를 타고 집으로 가는 길은 멀고 멀었다. 플레쎈티아까지 28마일이었지만 멀게만 느껴졌다. 동시에 하나님도 한없이 멀게만 느껴졌다. 마음은 무겁고 호흡은 거칠어졌다. 화가 치밀었다. 집으로 돌아오는 길에 운전하면서 기도했다. 불평 섞인 기도였다.

"하나님, 다니엘이 죽어갑니다. 오! 주님, 저는 어떻게 해야 합니까! 저는 지금까지 주님을 섬기기 위해 최선을 다했습니다. 아시지 않습니까! 하지만 주님께서 저의 어린 아들을 데려가신다면, 저는 그것으로 끝입니다! 그것은 제가 도저히 견딜 수 없는 마지막 고통입니다. 주께서 다니엘을 데려 가시면 저는 더 이상 살 수 없으며, 더 이상 사역을 계속할 수 없습니다. 아무것도 할 수 없습니다. 모든 것을 포기할 것입니다."

한숨보다 눈물이 쏟아졌다. 한없는 눈물이 운전을 방해할 만큼 계속 흐르고 있었다. 마지막 순간까지 싸우는 장군처럼 굳건하던 풀러의 마음은 산산이 부서져 내리고 있었다. 깊은 쓰라림이 온 몸에 전류처럼 흘렀다. 그리고 한참의 침묵이 흘렀다. 모든 것이 다 무너져 내리는 고통 가운데 무언가 신비로운 고요함이 있었다. 찰스는 다시 기도했다.

"주님, 그렇습니다. 주님은 제게 무엇이 최선인지 아십니다. 주님의 뜻을 이루시옵소서. 주님의 방법이 최선입니다. 모든 것을 주님께 맡깁니다. 주님의 뜻만이 이루어지기를 소원합니다. 제 뜻이 이루어지지 않고 주님의 뜻만을 이루소서!"

찰스는 기도하다 말고 찬송을 드리고 있었다.

"예수님께 말하리 주의 뜻 이루소서
언제나 또 영원히 주의 뜻 이루소서
주의 복된 모든 뜻 내게 다 이루소서
제게 물으시면 부드럽게 대답하리
주의 뜻 이루소서"

집에 도착했다. 의사가 와서 앰뷸런스를 불러 기관지에 고여 있는 가래를 빼낼 수 있는 특수기구가 있는 로스앤젤레스 병원으로 옮긴다고 했다. 아직도 아이는 의식을 차리지 못하고 있었다. 온몸에는 검은 반점이 있고 얼굴은 창백했다. 눈은 휑하니 들어가 있어 이미 숨이 떠나버린 시체처럼 굳어보였다. 주위에 많은 가족들이 와서 지켜보며 발을 동동거리고 있었다.

"지금은 기도할 때입니다. 함께 기도하십시다." 모두 무릎을 꿇었다.

"아버지 하나님, 감사합니다. 하나님께서 저희에게 허락하신 이 여섯살 반짜리 아이를 인하여 감사를 드립니다. 저희 가정에 허락하신 다니엘과 지낸 지난 6년 반 동안, 이 아이는 저희 모두에게 기쁨이었고 축복이었습니다. 그래서 저희들의 마음은 너무도 아픕니다. 저희 모두는 다니엘이 떠나가면 무척이나 다니엘을 보고 싶어 할 것입니다. 그러나 다니엘을 주신 것도 주님의 뜻이요, 데려 가시는 것 또한 주님의 뜻이라면 주님의 품으로 데려 가시옵소서. 저희들은 아버지의 뜻에 순종하여 다니엘을 보냅니다. 오! 아버지 하나님…"

임종기도였다. 모두들 눈물을 흘리고 있었다. 이삭을 바치는 아브라함처럼 찰스는 하나님께 사랑하는 아들을 바쳤다. 죽음을 넘어선 결정이었다. 마지막 남은 이성을 모두 버리는 순간이었다. 가장 힘든 겟세마네의 순간이었다.

정신없이 병원에 도착했다. 생사가 경각에 달린 환자를 대하는 의사들도 조용하지만 바쁘게 움직이고 있었다. 다니엘은 조금씩 의식을 차리기 시작했다. 하나님께서 임종 기도를 들으시고 병약한 다니엘의 생명을 연장시켜 주신 것이다. 이렇게 다니엘은 건너가던 죽음의 요단강가에서 다시 돌아왔다. 그러나 다니엘은 그 후로도 6년 동안이나 병치레를 하면서 부모의 마음을 늘 긴장하게 했다. 의사는 겨울 동안, 다니엘을 공기가 건조한 사막으로 데리고 가서 요양을 해야 한다고 처방했다. 그래서 다니엘을 위해 팜 스프링에 거처를 마련하여 요양을 하도록 배려했다.

다니엘 풀러는 밝고 건강한 아이였다. 자주 방실거리는 모습이 귀여운 아이였는데, 병이 들면서 건강이 눈에 띄게 악화되었다. 기관지 천식과 기관지염, 폐렴 등으로 부모의 사랑과 함께 그는 가정의 기도제목이 되었다. 필자는 다니엘 풀러를 2004년 1월 초에 다시 만났다. 그는 8순이라는 나이가 믿기지 않을 정도로 건강하였다. 혈색도 좋고 밝은 얼굴이었다. 그는 필자에게 장시간 동안 진지하게 아버님이신 찰스 풀러에 대해 이야기해주었다.

4. 라디오 설교자

전파를 통한 전도의 역사는 D. L. 무디로부터 시작된다. 생키와 함께 콤비를 이룬 무디는 1876년 알렉산더 그레함 벨(Amexander Graham Bell)의 새로운 발명품인 전화를 통해 예배 실황을 전송함으로 전파 전도를 시작했다. 최초의 상업방송국은 피츠버그에 세워졌으며 1920년에 방송을 시작했다. 무선 전파로 예배실황이 전송된 것은 1921년 1월 2일이었다. 피츠버그에서 상업 방송을 시작한 KDKA를 통해 성공회 갈보리 교회(Calvary Episcopal Church)의 예배 실황이 전파를 탄 것이다. 바이올라 대학의 엔지니어였던 캐리어(Carrier)는 루벤 토리를 설득했다. 바이올라 대학의 사역을 확장하기 위해 라디오 방송국을 세워야 한다고 주장하였고, 1922년 3월 10일 방송이 시작되었다. 찰스 풀러는 이 바이올라 방송국을 통하여 방송설교를 시작했다.

● 마이크 앞에선 풀러

참고로 우리나라는 1924년 11월 총독부 체신국 무선실험실에서 50와트짜리 실험방송이 실시되었다. 1925년 여름에는 400와트로 매주 4회씩 정기적으로 방송을 하였다. 1926년 11월 30일에는 사단법인 경성방송국이 설립되었고, 그 이듬해인 1927년 2월 16일 첫 방송을 개시했다.

라디오 신기술은 변화를 불러왔다. 무선 전파 기술이 가져다주는 엄청난 전도의 기회에 대하여 심각하게 받아들인 설교자는 폴 라이더(Paul Radar)였다. 그는 찰스 풀러에게 많은 감화를 준 설교자이다. 라이더는 1922년 6월 17일부터 방송 사역을 시작했다. 무디 기념교회 후임자였던 폴 라이더는 방송 기술을 효과적으로 사용하였다. 방송을 누구보다 잘 이용하였으며 복음을 전파하는 문명의 이기로 생각했다. 그는 시카고의 여러 방송국을 통해 설교하였는데, 프로그램을 위해 음악을 담당하는 브라스 밴드 사중주단을 이끌고, 방송 시간에 따라 이 방송국에서 저 방송국으로 이동해가면서 설교 사역을 하였다. 어느 방송국이든 방송 시간만 허락되면, 그 전파를 통해 말씀을 전하려했기 때문이었다. 자체 방송국을 가지고 정규적인 방송을 한 교회는 뉴욕시에 있는 갈보리 침례교회로 1923년 3월 4일부터 방송을 시작하였다.

찰스 풀러는 라디오 시대를 대표하는 설교자이다. TV시대를 대표하는 빌리 그래함 이전 라디오 시대를 풍미한 인물이다. 그는 전 미국과 전 세계를 방송으로 묶었다. 방송사역 사상 가장 많은 수천만 명의 청취자를 확보하고 하루에 1만 통 이상의 청취자 편지를 받았다. 편지 내용은 다양했다. 목회자가 없는 시골에서부터, 병원, 식당, 교도소, 군대 그리고 미장원에서도 방송을 청취했다. 얼윈 라이트(J. Elwin Wright)가 저술한 〈Old Fashioned Revival Hour〉를 보면 찰스 풀러의 설교가 가진 특징을 알 수 있다. 찰스 풀러는 쉬운 말로 복음을 전했고 언어도 단순했다. 6살짜리 아이가 들어도 알 수 있을 만큼 명쾌했다. 당시 모든 청취자들이 알아들을 수 있는 말임에도 불구하고 그의 설교에는 영혼을 울리는 감동이 있었다. 인텔리 계층인 의사, 교수, 은행원 등도 설교를 들으며 영감을 받았고, 방송을 듣고 생활이 완전히 변화된 사람들의 간증은 봇물을 이루었다.

단순한 복음을 그대로 전했다. 찰스 풀러의 메시지에는 사실 새로운 것이 별로 없었다. 예부터 듣던 말씀을 그대로 전할 뿐이었다. 특별한 철학적 개념을 소개하는 것도 아니었다. 사실 그는 언변이 아주 능한 변사도 아니었으며 대단한 웅변가도 아니었다. 그러나 그의 메시지에는 열정이 있고 능력이 있었다. 순수하고 진지했다. 전심을 다하여 전하는 그의 메시지는 감동을 주었다. '부흥의 시간' 방송은, 제2차 세계 대전 후에 공허한 영적 진공 상태에 빠진 미국인들에게 잃어버린 말씀, 잃어버린 신앙을 다시 찾게 하였다. 시대가 필요로 하는 영적 양식이었다.

그의 설교신학도 단순했다. 예수 그리스도로부터 지금까지 모든 교회와 신자들이 고백하는 단순한 신앙 고백이었다. 그의 말씀은 성경 말씀에 근거한 신학이었다. 찰스 풀러의 신학은 두 마디로 요약할 수 있다. "Jesus Saves!" 즉, "예수 구원하신다."이다. 단지 예수의 복음, 예수 구원하신다는 소식을 전파에 실어 땅 끝까지 보낸 것이다. '부흥의 시간' 주제 찬송이 그렇다. 방송이 들리는 곳마다 언제나 울려 퍼진 찬송이다.

"기쁜 소식 들리니, 예수 구원하신다. 만민에게 전하라 예수 구원하신다. 주님 명령하시니, 산을 넘고 강 건너, 온 세상에 전하라, 예수 구원하신다."

"바람들아 외쳐라, 예수 구원하신다. 기뻐하라 나라들, 예수 구원하신다. 구원하는 소리를 산과 들에 전하라. 우리들의 승전가 예수 구원하신다."

이렇게 라디오 시대는 찬송과 말씀으로 열렸다. 단순한 복음을 전파했다. 온 세상에 복음을 라디오에 실어 전파했다.

5. 돈이 필요합니까?

1934년 5월, 찰스는 재정문제로 고민하고 있었다. 당시에도 방송국 사용료는 만만치 않았다. 재정문제로 KNX 방송 프로그램을 포기할 것인지에 대하여 결정을 내려야만 했다. 방송을 계속하려면 내일까지 500달러를 결제해주어야 한다. 그렇지 않으면 방송 프로그램은 자동으로 취소되는 것이다. 그의 수중에 가진 것은 350달러뿐이었다. 전화기를 바라보며 찰스는 깊은 생각에 잠겼다. 마음이 아프고 저려왔지만 취소할 수밖에 없는 상황이었다. 선택의 여지가 없었다. 쓰린 마음으로 그는 전화를 걸기 위해 수화기를 잡았다. 그의 손이 전화기에 닿는 순간 전화벨이 울렸다. 깜짝 놀랐다. 치과의사인 닥터 폴 두위스터였다.

"찰리, 돈이 필요합니까?" "예, 그런데요."

"음, 목사님께서 저희 집으로 오실 수 있으시면 좋겠는데, 오실 수 있습니까?"

"예, 곧 찾아가 뵙겠습니다."

폴과 부인 엘바는 방송설교의 애청자들로 말씀을 통하여 예수님을 영접한 사람들이었다. 찰스가 두위스터 박사의 집에 도착하자 그가 나와 반갑게 맞아 주었다.

"얼마가 필요하십니까?"

"150달러가 필요합니다."

폴은 부인 쪽을 바라보며 소리쳤다.

"여보, 이거 너무 놀랍지 않소!"

폴은 주머니에서 수표를 꺼내어 건네주었다. 복음방송협회(GBA) 앞으로 150달러짜리 수표를 미리 준비해 놓은 것이었다. 찰스는 놀랐다. 폴은 수표를 건네주고 나서 계속해서 설명했다.

"어젯밤에 저는 피곤해서 아주 깊이 자고 있었습니다. 한 밤중에 누군가 저를 흔들어 깨우는 것입니다. 눈을 비비고 보니, 저희 집사람이 저를 깨운 것이었습니다."

"여보, 일어나요!"

"아니, 당신, 밤중에 무슨 일이요? 피곤한데 자야지요."

"여보, 제 말 좀 들어주셔요." "그래, 말해 보시오."

"당신은 찰스 풀러 목사님의 방송선교를 위해, 내일 150달러를 내야 합니다."

"무슨 소리요. 이 밤중에…. 이런걸 보고 아닌 밤중에 홍두깨라 하는 거요. 그리고 당신도 알다시피, 지금 우리 은행 잔고가 25달러뿐이지 않소! 당신도 잘 알면서 왜 그래요? 잠이나 잡시다."

"어쨌든, 내일 150달러를 헌금해야 하니까, 당신이 알아서 해요."

잠을 설친 두위스터 박사는 아침이 되어 병원에 출근하였다. 그런데 전혀 기대하지 않았던 환자가 와서 치료비로 800달러를 지불하고 갔다. 환자를 보내고 나서, 폴은 즉시 수표를 만들어 찰스에게 전화를 걸었다는 것이다. 그 순간 찰스는 밀린 방송비를 내지 못해 설교방송 시간을 포기하기로 결정했던 자신의 아픈 결정을 폴에게 알리지 못했다. 다만 하나님의 손길에 감동했을 뿐이었다.

방송사역은 하나님의 힘으로만 가능했다. 1934년 KNX(The Voice of Hollywood) 방송국에서 찰스 풀러에게 제공한 방송시간은 주일 오후 6:30~7:00였다. 당시 유일하게 얻을 수 있는 주일 저녁 시간이었다. KNX는 당시 2만5천 와트짜리 방송국이었고, 후에 5만 와트로 올리고, 점차적으로 50만 와트까지 규모를 키워나갈 계획을 갖고 있었기 때문에 찰스 풀러는 이 방송국의 시간대를 꼭 유지하고 싶었던 것이다. 어렵게 시작된 방송 선교 사역은 점점 확대되어 1939년 가을에 152개의 연합방송국 방송망을 통하여 전 미국에 말씀을 전할 수 있게 되었다. 청취자는 어림잡아도 1,000만 명으로 집계되었다.

방송사역은 세계적으로 확장되었다. 대공황을 극복했으며 제2차 세계대전의 어려움을 극복했다. 전쟁이후에 닥친 불경기를 극복했다. 한국전쟁의 후유증도 이겨냈다. TV방송이 시작되어 라디오 인기가 시들해졌어도 계속했다. 마지막 순간까지 방송사역은 계속되었다.

사람들은 찰스 풀러에게 물었다.

"당신의 평생 숙원사업은 무엇입니까?"

"저의 꿈은 이 시대에 세계복음화를 성취하는 것입니다. 이 일을 이루기 위해 저는 두 가지 일에 집중하고 있습니다. 첫째는 라디오를 통한 가장 효과적인 설교사역을 계속하는 것입니다. 그리고 둘째는 좋은 설교자들을 길러내는 것입니다."

4부

하나님께 **사로잡힌** 사람

01 천국과 지옥을 설교하라 · 02 비를 멈추게 한 기도 · 03 편지는 전파를 타고 · 04 죽음을 이기는 복음 · 05 하루하루를 견디며

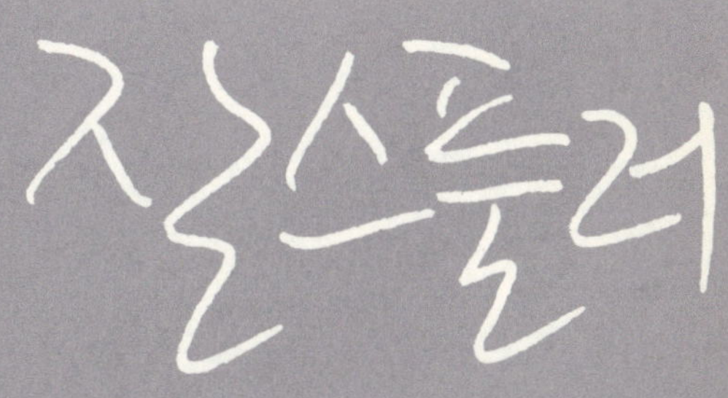

chapter 4

하나님께 사로잡힌 사람

1. 천국과 지옥을 설교하라

1720년대 미국에서 시작된 제1차 대각성운동은 조나단 에드워드와 조지 휫필드(George Whitefield)의 설교를 통해 그 절정에 달했다. 영국교회에서의 갱신운동은 요한 웨슬리와 그의 동생 찰스 웨슬리(Charles Wesley)를 통해 일어났다. 웨슬리의 설교는 특별했다. 부흥운동은 미국 에즈베리(Francis Asbury)에 의해 계승되었다. 그리고 제2차 대각성운동은 19세기 초가 되어 찰스 피니(Charles Finney)등의 주도로 미국에서 일어났다. 놀라운 성령의 역사였다. 교회는 활기가 넘쳐났다. 선교활동도 활발해졌다.

조나단 에드워드의 설교는 강력했다. 특별히 신명기 32장 35절 말씀을 본문으로 한 "하나님의 진노의 손에 잡힌 죄인들"이란 메시지는 미국의 대 각성운동을 설명하는 놀라운 영적 메시지였다. 조나단 에드워드는 하나님의 진노를 지옥과 연관시켜 설교했다. 천국과 무서운 지옥 불에 대해 설명했으며 단호하게 설교했다. 철저한 회개를 촉구했다.

찰스 풀러도 천국과 지옥을 설교했다. 조나단 에드워드와 맥락을 같이 했다. 그도 하나님의 진노와 지옥에 대해 분명하게 선포했다. 지옥이 없는 천국은 없다. 물론 천국에 대해 더 많이 설교했지만 지옥에 대해 생생하게 전했다는 것이 풀러 설교의 특징이다. 필자가 아들 다니엘 풀러와 개인적 만남을 가졌을 때, 다니엘 풀러는 이렇게 설명했다.

"오늘날 복음주의 설교자들의 설교 가운데 특징이 있습니다. 지옥에 대해 설교하는 분들이 많지 않습니다. 이것이 문제입니다. 저희 부친 찰스 풀러 목사는 지옥에 대해 자주 설교했습니다. 요한계시록에 나오는 불 못에 대해 설교할 때면, 너무나 생생한 영상언어 때문에 저는 말씀을 온 몸으로 느낄 정도였으니까요. 지금도 생각하면 정신이 아찔하고 떨립니다. 그는 확실히 믿었습니다. '예수님을 믿지 않고, 주님을 영접하지 않은 사람들은 다 지옥의 자식이다. 지옥으로 간다. 멸망할 수밖에 없다. 그들은 잃어버린 영혼들이다. 오직 예수 그리스도의 복음만이 유일한 길이다. 다른 길은 없다. 지옥의 불 못이 기다리고 있을 뿐이다.' 찰스 풀러 목사의 설교에는 하나님의 말씀으로 그 죽어가는 영혼들을 구원해내야 한다는 결연한 의지와 하나님의 사랑이 주는 긴장감이 언제나 공존하고 있었습니다. 지금이라도 그의 설교를 한 번 들어보십시오. 죽어가는 영혼들을 바라보면서 마음아파 흐느끼는 장면이 자주 나옵니다. 그것은 찰스 풀러가 지옥의 불 못에 빠져 들어가는 사람들을 바라보며 느끼는 감정입니다. 그는 진심으로 죽어가는 영혼들을 아파했습니다. 제가 아버님을 자주 모시고 다녔는데, 차를 운전하고 가면서 뒤를 돌아보면 죽어가는 영혼들을 위해 말씀을 준비하시며 기도하는 모습이 너무나 생생했으니까요. 그리고 같은 마음으로 말씀을 선포했습니다. '주님께 돌아오면 살 수 있습니다. 다른 길은 없습니다. 주님을 영접하십시오. 미루지 마십시오. 바로 오늘이 구원의 날입니다.' 내가 아는 한, 아버님께서 조나단 에드워즈보다 지옥에 대해 더 많이 설교했습니다. 물론 그 열정은 상당 부분 폴 레이더 목사에게서 옮겨 온 것이라고 볼 수 있습니다. 폴 라이더 목사님의 설교에도 그런 열정이 있었습니다. 성령의 감동이 있었습니다. 지옥이 없는 천국이 있을 수 있습니까? 천국과 지옥을 설교해야 합니다. 그런데 요즘 설교자들은 청중들을 기쁘게 하는 설교를 주로 하는 것처럼 보입니다. 청중들에게 장단을 맞추어주는 설교, 그것은 성경이 말하는 설교하고는 거리가 멉니다. 내 말을 하지 말고 성령이 말씀하시도록 해야 합니다. 천국에 대해서 설교하고, 지옥에 대해서 설교할 필요가 있습니다."

사실 지옥에 관하여 가장 많이 말씀하신 분은, 조나단 에드워즈도 찰스 풀러도 아니다. 예수 그리스도시다. 예수님은 복음서 여러 곳에서 지옥에 관하여 말씀하셨다.

> 내가 너희에게 말하노니 까닭 없이 자기 형제에게 노하는 자는 누구든지 심판의 위험에 처하게 될 것이며 형제에게 나가라 하는 자는 누구나 공회의 위험에 처하게 될 것이요, 또 어리석은 자라 하는 자는 누구나 지옥불의 위험에 처하게 될 것이라 **마태복음 5:22**

> 가버나움아, 하늘까지 높아진 너는 지옥까지 낮아지리라 **마태복음 11:23**

> 이 반석 위에 내가 나의 교회를 세우리니, 지옥의 문들이 그것을 이기지

못하리라 **마태복음 16:18**

위선자인 서기관들과 바리새인들아, 너희에게 화 있으리라! 이는 너희가 한 사람의 개종자를 얻으려고 바다와 육지를 두루 다니다가 얻고 나면 그를 너희보다 두 배나 더 악한 지옥의 자식으로 만들기 때문이라 **마태복음 23:15**

너희 뱀들아, 독사들의 세대야, 어떻게 너희가 지옥의 저주에서 피할 수 있겠느냐 **마태복음 23:33**

네 손이 너를 실족케 하거든 잘라 버리라. 두 손을 가지고 결코 꺼지지 않는 불속인 지옥에 들어가는 것보다 불구자로 생명에 들어가는 것이 더 나으니라 **마가복음 9:43**

네 발이 너를 실족케 하거든 잘라 버리라. 두 발을 가지고 결코 꺼지지 않는 불속인 지옥에 던져지는 것보다 절름발이로 생명에 들어가는 것이 더 나으니라 **마가복음 9:45**

네 눈이 너를 실족케 하거든 뽑아 버리라. 두 눈을 가지고 지옥 불에 던져지는 것보다는 한 눈으로 하나님의 나라에 들어가는 것이 더 나으니라 **마가복음 9:47**

성경은 불 못을 생생하게 보여준다. 요한계시록에 나오는 마지막 심판 때에 하나님께서 몸을 사망에서 건져내어 그들이 각자 자기들의 행위대로 불 못에 몸을 던져 넣으시는 것으로 모든 죄와 불법에 관한 심판을 마치신다.

바다도 그 안에 있던 죽은 자들을 넘겨주고 또 사망과 지옥도 그들 안에 있던 죽은 자들을 넘겨주니 그들이 각자 자기들의 행위에 따라 심판을 받으며 사망과 지옥도 불 못에 던져지니 이것이 둘째 사망이라 누구든지 찰스 풀러는 그의 설교 가운데 늘 강조했다.

"사람들은 죽으면 그만이라고 생각한다. 그러나 죽음은 끝이 아니다. 천국이 있고 지옥이 있다. 믿지 않는 사람은 지옥에 들어간다. 영원히 꺼지지 않고 활활 타는 불꽃가운데서 고통을 받게 된다. 거듭나지 아니하면 하나님나라에 들어갈 수가 없다. 영접하는 자 곧 그 이름을 믿는 자에게 하나님의 자녀가 되는 권세가 주어진다. 오늘은 구원의 날이다."

찰스 풀러는 우리에게 도전을 준다. 천국의 복음을 전파하라. 동시에 지옥에 대해 전파하라. 예수님만이 유일한 구원의 길이며 하나님의 진노를 피하는 유일한 길이다. 다른 길은 없다. 살 길은 오직 예수 안에 있다. 어느 길을 택할 것인가?

2. 비를 멈추게 한 기도

풀러는 기도의 사람이었다. 1946년, 시카고에서 대규모 집회가 열렸다. 현충일에 열린 집회에는 무려 68,000여명이 참석했다. 당시까지는 최고로 많은 사람이 모인 집회로 기록되었다. 이 집회에서는 많은 영혼을 구원하는 아름다운 간증을 낳았다. 이 집회에 참석했던 사람 중에 캐니 조셉(Kenny Joseph)이라는 사람이 있다. 그는 1954년 2월 7일 출간된 주일학교 잡지인 〈Power〉에 자신의 경험을 다음과 같이 기록했다.

케니는 열등감에 사로잡힌 고등학생이었다. 동시에 '코브라' 라는 갱

● 댄버 집회 포스터

단에 가입하여 활동하고 있었다. 갱단과 함께 길에서 패싸움을 하기도 하고 상점에서 물건을 훔치기도 했다. 여러 번 경찰에게 잡혔다. 유치장 신세를 지고 나서도 다시 반복했다. 다양한 범죄기록을 가진 학생이었다. 어느 날 길을 가다가 이상한 차를 보았다. 종합운동장에서 집회를 한다는 광고판을 달고 달리는 차였다. 전혀 기독교 냄새가 나지 않는 광고여서 무슨 모임인지 한 번 가보고 싶다는 호기심이 들어 참석하게 되었다. 운동장에 도착하여 보니 6만 8천 명 가량 모였는데 '대단한 기독교 집회로구나' 생각했다. 기독교 집회라는 사실을 발견하고 가능한 빨리 빠져 나오려고 마음먹고 있는데 갑자기 비가 오기 시작했다. 빗방울은 점점 거세지고 운집하였던 사람들은 하나 둘 빠져 나가기 시작했다. 케니도 집으로 돌아가기로 작정하고 걸어 나오는 길이었다. 그 때 찰스 풀러가 단에 올라왔다. 그리고 함께 기도하자고 하였다. 모두 잠시 멈추었다.

"하나님, 이 비를 멈추어 주시옵소서!"

기도와 함께 그렇게 쏟아지던 폭우가 갑자기 멈추었다. 순간에 일어난 사건이었다. 케니는 놀라서 하늘을 쳐다보았다. 비는 쏟아지던 하늘이 아니었다. 비는 수돗물 꼭지가 잠기듯 확실히 멈춰버렸다. 케니는 눈앞에서 벌어지는 기적을 보았다. 믿을 수 없는 일이었다. 입이 벌어졌다. 그날 집회는 강력한 말씀과 성령의 역사가 나타났다. 하나님을 대항하던 모든 저항세력들이 무너져 내렸다. 영적대결에서 승리한 것이다. 집회를 마치면서 초청의 시간이 있었다. 케니는 앞으로 나갔다. 약 800명 정도가 나와 무릎을 꿇고 죄를 고백하고 예수님을 개인의 구주로 영접했다. 그는 곧 바로 자기가 상점에서 훔친 옷을 가지고 경찰서를 찾아갔다. 경찰에게 죄 값을 치르게 해달라고 부탁했다. 성경에 대해 알고 싶었고 성경을 배우기 위해 기독교 대학에 입학했다. 대학을 졸업하게 되자 하나님께서 원하시면 주님의 복음을 증거 하는 설교자가 되게 해 달라는 기도를 드렸다. 하나님께서는 그를 인도하셨고 일본 선교사로 파송되어 일본에서 선교사역을 감당하였다.

크로우(Dean Kroh) 선교사의 이야기는 더 재미있다. 그는 〈정글 닥터(Jungle Doctor)〉라는 책으로 유명하다. 그는 1941년 풀러의 라디오 설교를 듣고 믿음을 갖게 되었다. 그 후 훈련을 받고 선교사가 되었는데 그래서 선교사로 잘 알려졌다. 1951년 그가 고향에 돌아 왔을 때, 사우스 캐롤라이나 방송국에서 그를 인터뷰하였다.

● 30년 동안 쌓인 설교 원고

"선교사님은 〈정글 닥터〉라는 책으로 유명하신데, 어떻게 믿음을 갖게 되셨나요?"

"저는 찰스 풀러 목사님의 라디오 설교를 듣는 중에 놀라운 경험을 했습니다. 성령을 받았습니다. 마음이 녹아내리면서 내가 얼마나 엄청난 죄를 지은 죄인인지 깨닫게 되었습니다. 그래서 방송을 들으며 풀러 목사님의 초청에 따라 무릎을 꿇고 눈물로 주님을 영접했습니다. 그리고 기독교인이 되었습니다. 그 후로 저는 선교사가 되었고 오늘에 이르게 되었습니다."

"놀라운 간증이신데요. 그런데, 편지로라도 찰스 풀러 목사님께 선교사님의 그런 놀라운 경험을 말씀드렸나요?"

"아니요!"

"참 감동적인 이야기신데, 왜 편지를 보내시지 그랬어요?"

"그것은 모르시는 말씀입니다. 찰스 풀러 목사님의 설교 말씀을 듣고 구원받은 사람들이 모두 다 편지를 쓰면 어떻게 되는지 아십니까? 풀러 목사님은 다른 일은 하실 수 없을 것입니다. 그 편지를 다 읽으시려면, 적어도 천년 정도는 걸릴 터이니까요. 그래서 저는 하고 싶었지만 참았습니다."

빌리 그래함은 풀러신학교 이사로 봉사했다. 그가 1967년 풀러신학교를 방문했을 때 이런 말을 한 적이 있다.

"저는 세계 여러 곳에 가서 집회를 합니다. 많은 종교 지도자들을 만납니다. 가는 곳마다 찰스 풀러 목사님의 설교를 통해 주님을 믿게 되었다는 간증들을 듣습니다. 세계 방방곡곡 가는 곳마다 이런 사람들이 있습니다. 세계 각처에서 얼마나 많은 영혼들이 구원을 받았는지 찰스 풀러 목사님 자신은 전혀 모르시는 일입니다. 이 땅에서는 다 알 수 없습니다. 천국에 가 보아야만 확실히 알 수 있을 것입니다."

천국과 지옥을 설교한 찰스 풀러, 그가 전한 천국복음을 통하여 얼마나 많은 영혼들이 천국에 가게 되었을까? 그가 전한 지옥을 통하여 얼마나 많은 사람들이 회개하였을까? 그가 보여준 설교를 통해 얼마나 많은 설교자들이 영향을 받았을까?

3. 편지는 전파를 타고

전파를 타고 퍼지는 메시지는 강렬했다. 파급효과는 놀라왔다. 풀러의 설교는 전 미국으로 퍼져나갔고 엄청난 능력으로 나타났다. 도시에서

● 하루 1만 통 이상 오는 청취자 편지들

부터 산골 마을까지, 가정에서 병상까지, 강한 복음의 메시지는 빛을 발하였다. 어두운 영혼들에게 소망을 주었고 기쁨을 주었다. 구원의 역사가 나타난 것이다. 누구도 예상하지 못했던 일이 일어났다. 엄청난 감사 편지와 간증들이 방송국에 쇄도했다. 매일 1만 통 정도의 편지가 도착했으며, 풀러는 이 편지를 분류하고 회답하기 위해 30여명의 직원을 고용해야 할 정도였다.

찰스 풀러는 방송설교를 마칠 때, 간혹 다음 주에 설교할 제목을 미리 언급하기도 했다. 어느 날 찰스는 말했다. "다음 주에는 천국에 대해 말씀드리겠습니다." 이 방송을 들은 청취자가 편지를 보내왔다.

"풀러 목사님, 방송을 통해 귀한 말씀 잘 듣고 있습니다. 다음 주에는 천국에 대해 말씀하신다고 하신 말씀을 들었습니다. 저는 그 말씀에 관심이 있고 천국에 관심이 많습니다. 지난 55년 동안 그 곳에 제가 살 집을 가지고 있었기 때문입니다. 제가 돈을 주고 산 집은 아닙니다. 값없이 거저 주어진 집입니다. 그러나 저에게 집을 주신 예수님께서는 엄청난 값을 치루시고 사셨습니다. 그 집을 저의 이름으로 주신 것입니다. 다른 사람에게 넘길 수도 없고, 팔수도 없습니다."

"지난 50여 년 동안 저는 천국에 저의 집을 지으시는 위대한 건축자, 우주 만물을 지으신 분께 건축 자재를 보내드렸습니다. 그 분이 지으시는 집은, 저에게 완벽하게 맞도록 설계가 되어 있기에, 수리할 필요가 없고 리모델링을 할 필요도 없습니다. 낡아지지 않는 집입니다. 만세 반석 위에 세워진 집이기에 불개미가 갉아 먹을 수 없습니다. 불이 태우지 못합니다. 홍수가 나도 흔들리지 않습니다. 문에는 열쇠를 달지 않아도 되는데, 그것은 도둑이 그곳에 올 수 없기 때문입니다. 이제 제가 입주할 집이 완공되었다는 소식을 들었습니다. 아무 두려움 없이 영원히 평화롭게 살 수 있도록 준비가 되었다고 합니다. 저는 곧 이사할 것입니다."

"제가 살고 있는 캘리포니아와 제가 지금 곧 이사 할 새집 사이에는 깊고 어두운 골짜기가 있습니다. 저는 그 죽음의 골짜기를 지나지 않고 황금으로 지어진 도시의 새집으로 입주할 수가 없습니다. 그러나 저는 그 죽음의 골짜기가 두렵지 않습니다. 나의 구세주, 나의 좋은 친구, 예수님께서 오래 전에 그 길을 지나 가셨고, 모든 두려움을 물리쳐 주셨기 때문입니다. 제가 그 분을 처음 알기 시작한 55년 전부터 가깝게 지내기도 하고 멀리 지내기도 했지만 저는 그 분이 글로 남기신 약속의 말씀을 믿습니다. 저를 홀로 버려두시지 않으시고 떠나지 않으신다는 약속 말입니다. 제가 사망의 골짜기를 지날 때, 저와 함께 하시고 그 분과 함께 가기에 길 잃을 염려는 없습니다."

"저는 다음 주일 저녁, 풀러 목사님의 천국에 관한 메시지를 들을 수 있기를 소망합니다. 그러나 제가 그 때까지 살아있을지 자신이 없습니다. 제가 가지고 있는 천국행 비행기 표에는 출발날짜가 확실히 적혀 있지 않습니다. 편도 항공권이라 한 번 가면 다시 돌아 올수가 없습니다. 짐을 가지고 갈 수가 없어서 빈 몸으로 가야 합니다. 그래요, 저는 이제 떠날 준비가 되었습니다. 그래서 다음 주일 설교하실 때, 저는 이미 이곳을 떠나고 없을 것입니다. 그러나 저는 예수 그리스도 안에 있는 은혜의 풍성함을 따라 언젠가 목사님을 다시 만날 것을 믿습니다.”

하나님의 말씀은 전파를 탔다. 청취자들이 보내온 편지도 전파를 타고 퍼져나갔다. 모두의 마음을 천국으로 향하게 했다. 이 편지를 받고 찰스 풀러는 결심했다. 나는 매일 설교할 때마다 천국 메시지를 전하리라. 결코 내일로 미루지 않으리라.

4. 죽음을 이기는 복음

1930년대의 미국은 여러 가지로 어려운 해였다. 극심한 경제적 혼란과 세계 대전은 어두운 그림자를 드리웠다. 미국인들은 어려운 시련을 통과해야 했다. 혹독한 시련을 견디지 못한 사람들은 자살을 택했다. 자살을 쉽게 생각했다. 찰스 풀러의 메시지는 어두움 가운데 빛을 주었고 절망 가운데 소망을 주었다. 죽음의 골짜기에 있는 사람들에게 생명의 길을 보여 주었다. 자살을 멈추게 했다. 간증으로 보내온 여러 편지 중에서는 이런 고백의 메시지들이 담겨있다.

‘부흥의 시간(OFRH)’을 상징하는 마이크

“저는 해군에서 제대한지 1년이 된 24살의 청년입니다. 저는 맥주 공장에서 일을 하고 있는데 일이 너무 고달픕니다. 공장 뒤쪽에 저의 작은 방이 있습니다. 방송 시간에 맞추어 피곤에 지친 몸을 끌고 방에 들어와 라디오를 틀면 목사님의 메시지가 들립니다. 저는 목사님의 방송 설교를 듣고 구원을 받았습니다. 지난 번 올림피아(Olympia) 전도 집회 때에는 호기심으로 참석한 적이 있습니다. 저는 말할 수 없는 죄인입니다. 지금은 제가 얼마나 변했는지! 친구들이 저를 못 알아 볼 때도 있습니다. 왜냐고요? 전혀 다른 사람이 되었으니까요. 제가 혼자 고민했던 많은 문제들을 이제는 예수님께 다 맡겼습니다. 지난 주일에, 저와 같이 일하는 친구 하나가 아주 힘들어했습니다. 무엇엔가 절망하고 있었습니다. 좌절의 늪에 빠져 있었습니다. 그래서 저는 그 친구를 따라갔습니다. 화장실로 들어가더군요. 저도 따라갔습니다. 그리고 소스라치게 놀랐습니다. 그 친구가 화장실에서 리벌버 권총을 머리에 대고 방아쇠를 당기려하고 있었기 때문이었습니다. 저는 몸을 던져 그 친구의 손을 쳐서 권총을 버리게 했습니다. 그 친구를 저의 방으로 데리고 갔습니다. 잠시 무거운 침묵이 흘렀습니다. 저는 무슨 말을 어떻게 해야 할지 몰라 안절부절하였습니다. 침묵이 흐르는 방에서 갑자기 목사님의 설교방송이 흘러 나왔습니다. 그 친구는 놀라는 표정으로 방송에 귀를 기울였습니다. 아름다운 음악과 피아노 선율이 우리의 마음을 쓰다듬어 주었습니다. 그리고 우리는 복음의 말씀을 들었습니다. 그 자리에서 예수님을 영접했습니다. 방송을 통해 구원을 경험한 것입니다. 저는 지금 그 친구와 자주 대화를 나누고 있습니다."

"깊은 시름에 잠긴 밤은 어둡기만 합니다. 오늘 밤, 저는 낙심의 검은 구름에 쌓여 지친 몸으로 라디오를 틀었습니다. 그리고 목사님의 말씀을 들었습니다. '누가 구원을 받을 수 있는가?' 그 말씀은 저의 영혼을 뒤흔들었습니다. 처음 경험해 본 놀라운 체험이었습니다. 사실, 그날 밤 저는 어떻게 하면 가장 쉽고 빠르게 이 세상을 떠나 수 있을까 고민하며 구체적인 계획을 세우고 있었습니다. 엄청나고 무서운 생각이지만, 나 홀로 외로운 기러기처럼 혼자 세파를 헤치고 살아간다는 것이 견딜 수 없는 고통이었습니다. 오늘 말씀 너무 감사해서 무어라 표현할 수가 없습니다. 한 말씀 한 말씀이 저의 마음에 선명하게 와 닿을 때 저는 눈물만 흘렸습니다. 목사님의 말씀은 제 안의 깊은 어둠을 뚫고 들어온 한 줄기 빛으로 다가왔습니다. 감사합니다. 이제부터 계속 목사님의 말씀을 들으며 은혜 가운데 살겠습니다. 저는 이제 주께로 나아갑니다."

"저는 하나님께 감동하고 있습니다. 하나님께서 저의 기도를 들어주신다는 사실이 믿을 수 없을 만큼 감격이었습니다. 저의 기도에 응답해 주신 주님을 묵상하며 감격하고 있습니다. 지난 가을 저는 수술 후유증으로 심한 우울증에 시달리게 되었습니다. 심각한 신경분열 증세를 보이다가 자살을 시도했습니다. 저는 자살만이 고통에서 해방되는 유일한 길이라고 생각했습니다. 자살을 시도하기 며칠 전에 저는 절망 가운데 손을 내미는 심정으로 풀러 목사님께 편지를 보냈습니다. 저를 이런 절망의 구렁텅이에서 건져 주시도록 기도의 용사들에게 기도를 부탁했었습니다. 저는 그 기도가 응답되었다고 확신합니다. 왜냐하면, 제가 자살하려고 엄청나게 많은 양의 독약을 먹었는데도 죽지 않고 살았기 때문입니다. 그리고 저는 풀러 목사님의 답신을 받았습니다. 방송을 듣고, 편지를 읽으며 저의 마음속에 있던 쓴 뿌리가 다 녹아 내렸습니다. 이제 저는 저의 모든 짐을 주님께 맡깁니다. 그리고 예수님께 맡겨두고 다시는 그 짐을 찾아오지 않을 작정입니다. 그 이후로부터 저는 많은 축복을 경험합니다. 저의 건강은 회복되었습니다. 지금은 학교에도 나갑니다. 아직도 저의 경제적 상황은 심각합니다. 하지만 이제 저는 용기와 믿음을 가지고 담대하게 살면서 주님의 역사하심을 기다릴 수 있습니다. 가끔씩 저의 믿음이 바닥나고 용기가 사라질 때도 있습니다. 쓰러지려 할 때도 있습니다. 그 때마다, 저는 풀러 목사님의 편지를 꺼내 읽고 또 읽습니다. 주신 말씀을 보며 기도합니다. '그리스도 안에서 최후 승리를 얻기까지 우리는 당신을 위해 계속 기도할 것입니다.' 라는 목사님의 말씀에 힘을 얻습니다."

"목사님, 저는 새사람이 되었습니다. 저는 목사님의 '부흥의 시간' 이라는 방송 프로그램에 대해 감사를 표합니다. 제가 그 방송을 듣지 않았다면, 저는 지금 맞고 있는 새해의 태양을 볼 수 없었을 것입니다. 몇 주 전 일요일 오전, 저는 직업을 찾기 위해 멀리 떨어진 도시 이곳저곳을 전전하다 집으로 돌아왔습니다. 제가 집을 나와 직업을 찾아다니던 한 주간 동안 저는 자신을 돌아보면서, 제가 하나님을 떠나서 방황하고 있다는 생각을 했습니다. 집에 돌아왔을 때 무언가 심상치 않은 기운을 감지했습니다. 집은 텅 비어있었고, 한 통의 편지가 놓여 있었습니다. 저의 집사람이 견디다 못해 아이들을 데리고 집을 나간다는 내용이었습니다. 그 편지를 읽으며 저는 떨었습니다. 상상할 수 없는 충격을 받았습니다. 견딜 수 없는 고통이 밀려왔습니다. 터질 것 같았고 미칠 것 같았습니다. 저는 가정적인 사람으로 가족들을 끔찍이 사랑했습니다. 돌이켜 생각해 보면, 제가 아내에게 좀 더 부드럽고 친절하게 대해 줄 수 있었겠지만 말입니다. 저는 차를 몰았습니다. 집사람의 친정인 장모님 댁으로 갔습니다. 그곳에서 집사람을 만났습니다. 저는 통사정을 했습니다. 집으로 돌아가자고 말입니다. 그러나 집사람은 전혀 딴사람이 되어있었습니다. 눈물이 날 정도로 매정했습니다. 제가 그렇게 비는데도 전혀 흔들리지 않았습니다. 돌아가지 않겠다는 것입니다. 단호했습니다. 저는 집사람과 아이들을 두고 텅 빈 집으로 돌아와야만 했습니다. 슬픔이 파도처럼 몰려왔습니다. 눈물이 흘러내렸습니다. 저는 집사람과 아이들이 없는 인생을 생각할 수 없었습니다. 저는 깊은 절망과 탄식 가운데 철저히 무너져 내리고 있었습니다. 어떻게 할까? 저녁 늦게까지 저는 혼란스러웠습니다. 그리고 더 이상 참을 수 없다는 결론을 내렸습니다. 집 사람과 아이들이 없는 인생은 죽음보다 더한 고통일 뿐, 모든 것을 끝내기로 하였습니다. 저의 미래는 어둠으로만 가득 차 있었고, 도저히 혼자서 살아갈 자신이 없었습니다. 저는 차고로 갔습니다. 차고 문을 닫았습니다. 자동차에 시동을 걸었습니다. 자동차 배기가스가 나오는 뒤쪽에 드러누웠습니다. 잠시 동안이었지만, 저는 저의 몸에서 기운이 슬며시 빠져나가고, 머리가 혼미해지는 것을 느끼면서, 사람이 이렇게 죽는구나 하는 생각이 들었지만 모든 것을 포기하고 죽음을 담담히 받아들이기로 하였습니다. 좀 더 빨리 죽을 수 있다면 더 좋겠다는 생각을 했습니다. 머리가 빙빙 도는 것 같고, 귀가 위윙거리는 데, 차에 켜 두었던 라디오 소리가 크게 들렸습니다. 저는 눈을 질끈 감았습니다. '그래, 이제 조금만 참으면 모든 것이 다 끝날 거야.' 이 말로 마음으로 되뇌는 순간, 엄청난 힘이 실린 목소리가 크게 들려 왔습니다. 풀러 목사님의 기도소리였습니다. 용기와 소망을 주는 그 기도 소리를 들으며, 지금 무슨 일이 벌어지고 있는지 다시 생각하게 되었습니다. 순간적으로 정신이 맑아졌습니다. 저는 아직 죽을 준비가 되어있지 않다는 사실을 깨닫게 되었습니다. 죽음 후에 있는 내세에 대해 저는 자신이 없었습니다. 저는 몸을 다시 움직여 일어나려했지만 몸이 말을 들어주지 않았습니다. 아직 내 몸에 남아있는 기력을 다 모아, 흐느적거리는 몸짓으로 한참 만에 자동차 문을 열었습니다. 제가 무슨 힘으로 문을 열 수 있었는지 기억나지 않습니다. 다만, 제 자신이 그 무서운 지옥의 문 앞까지 다녀왔다는 사실에 떨었습니다. 그 순간에도 하나님께서 저를 지켜 주시고 있었지만, 저는 감히 입을 열어 하나님께 기도할 수가 없었습니다. 다시 살았다지만 저에게 고통은 계속되었습니다. 저는 밤에 잠을 이룰 수 없었고 밥맛이 없어 식사를 할 수 없었습니다. 다만 방황하고 있었습니다. 하나님과 사탄 사이에서 어느 쪽을 택해야 할 것인가? 하나님 쪽을 택하고 싶었지만, 제가 져야할 십자가가 무서웠습니다. 저는 제가 져야 할 십자가로부터 멀리 도망치고 싶었습니다.

그 후로 저는 그토록 아끼고 사랑하던 집을 떠나고 싶어, 1천마일 이상을 운전하여 멀리 떠나보았지만 다시 집으로 가고 싶어서 돌아왔습니다. 지난 1주일 동안 저는 잠을 자지 못했습니다. 거의 먹지도 않았습니다. 운전대를 잡고 의식을 잃은 적도 있습니다. 그 후로 병원 신세도 지고 교도소 신세를 지기도 했습니다. 그러나 지금은 다시 집으로 돌아오고, 하나님께로 다시 돌아왔습니다. 저의 부모님들은 저를 사랑으로 받아주시고 도와주셨습니다. 이번 새해를 맞으며 저는, 하나님께 더 열심히 기도합니다. 어느 때보다 더 깊이 기도합니다. 저는 건강을 회복하고 있습니다. 저는 아직 저의 집사람과 아이들을 만나보지 못하고 있습니다만, 언젠가, 다시 한 집에 살면서 행복한 가정을 이루게 될 것을 기도하며 기대하고 있습니다. 저는 어려움을 만날 때, 하나님을 더욱 의지합니다. 하나님의 도우심과 말씀이 없었다면, 제가 어떻게 이런 어려운 환란의 때를 견딜 수 있었겠습니까! 저에게 믿음과 소망을 준 방송 프로그램을 인해 하나님께 감사드립니다."

"지금 자정이 지났습니다. 집에서 목사님의 방송을 듣고 저는 큰 은혜에 잠겨 있습니다. 저는 기쁜 감동으로 고백합니다. 목사님의 설교와 찬송이 저를 변화시켰습니다. 자살 준비를 마치고 자살하려던 청년을 기도하는 청년으로 바꾸어 놓았습니다. 지금 저는 직장을 위해 기도하고 있습니다. 저는 23살의 청년입니다. 직장을 잃은 지 8개월이 되었습니다. 지난 목요일, 집 주인으로부터 이달 25일까지 집세를 내지 않으면, 집에서 쫓아내겠다는 통보를 받았습니다. 이런 상황이니 제가 자살을 생각하는 것도 무리가 아니라는 것을 이해하실 것입니다. 그러나 저는 주께서 저를 지키시고 돌보아 주실 것을 믿습니다. 하나님께서 목사님의 방송사역을 축복하시고, 계속 방송할 수 있도록 기도합니다. 목사님께서 방송을 통해 주께로 인도한 죄인 중 한 사람이 소식을 드립니다."

찰스 풀러의 방송설교는 소망을 주었다. 어둠 속에 빛을 던져 주었다. 자살을 멈추게 했다. 새사람이 되게 했다. 무엇보다 천국의 소망을 주었다. 자살이 가장 좋은 대안으로 여겨지는 절망의 시대, 우리는 어떤 복음을 전할 것인가?

방송설교에 들어가는 비용이 만만치 않았다. 광고가 없이 전적으로 청취자들의 후원으로만 운영되는 선교방송이었기에 더욱 그렇다. 1937년 4월 드디어 어려움이 닥쳤다. 후원이 감당하기 어려울 만큼 줄어버린 것이다. 여름 동안만이라도 캘리포니아 주 방송국만 유지하고 다른 주의 방송은 중단해야 하는 시점에 왔다. 방송국에서는 10월말까지 말미를 주겠다고 했다. 특히 중부 지방에 있는 방송국들은 유지해야만 했다. 어렵사리 살림을 꾸려가면서 12개의 방송 중계를 유지하기로 했다.

5월은 잔인한 달이었다. 어느 목요일이었다. 후원편지들은 많이 받았으나 후원금이 눈에 보이게 줄었다. 모두가 힘든 날이 계속되었다. 찰스 풀러는 매주 결제하는 방송대금을 맞출 수 없어 다시 깊은 고심에 잠겼다. 어떤 돌파구도 보이지 않았다. 다음 주부터는 방송을 할 수 없을 것이라는 마음 깊은 곳에서 음성이 들렸다. 현실적이며 정확한 계산이었다. 하지만 찰스 풀러는 완전히 포기할 수 없어 다시 고민에 빠졌다.

"그 때, 저는 거의 포기한 상태였습니다. 후원 편지와 후원금이 바닥을 치고 있었으니까요. 다음 주일 방송을 위해 지불해야 할 금액이 절반도 마련되지 않았어요. 다른 길이 보이지 않았습니다. 저는 방송국에 전화를 걸어, 아쉽지만 여름 동안 캘리포니아를 제외한 타주 방송 중계를 포기하겠다고 말할 심산이었습니다. 방송국 번호를 찾아 무거운 마음으로 다이얼을 돌리고 있는데 마음속에 이런 느낌이 들었습니다. 기도하라! 수 백 명의 친구들이 기도하고 있고, 사무실 여직원들도 저렇게 열심히 기도하는데 꼭 포기해야 할 것인가? 다이얼을 돌리던 전화기를 내려

놓고 기도하기 시작했습니다. '주님, 저는 믿음이 부족합니다. 저의 믿음 없음을 용서하여 주옵소서. 주께서 저희를 환난 중에 기억하실 줄로 믿습니다. 주님만 믿고 기다립니다. 역사하여 주실 줄로 믿습니다.'"

잔인한 5월, 암울한 목요일 밤은 그렇게 깊어갔다. 금요일부터 3일간 후원 편지들이 늘어나서 방송비를 겨우 지불할 수 있었다. 그런데 다음 월요일부터 후원금이 다시 바닥을 보이기 시작했다. 그러나 주말이 되면서 회복되어 다시 방송비를 지불할 수 있었다. 하루하루 살아가는 하루살이처럼 한 주 한 주씩 방송비와의 힘겨운 씨름을 계속하였다.

그 해 여름이 가장 힘들었다. 7월부터 조짐이 좋지 않았다. 최악의 상황이 펼쳐지는 듯 후원금이 제대로 들어오지 않았다. 마음은 우울하기만 했다. 그러나 보이지 않는 손길들을 통해 재정이 채워졌다. 힘겹게 하루하루 생명을 이어가며 여름이 지나가고 있었다.

1937년 8월 말, 가을 프로그램을 준비하고 있던 어느 날, 방송국 관계 실무책임을 맡고 있는 루디(Rudy)가 놀란 얼굴로 사무실에 들어왔다. 그의 목소리는 심히 떨리고 있었다.

"풀러 목사님, 담배회사에서 전 미국을 커버하는 우리 방송 프로그램 시간대를 비싸게라도 사겠다고 합니다. 당장이라도 계약을 하겠다는군요. 그러면 우리는 어떻게 되는 겁니까? 아시다시피 전에 헐리우드 방송국 관계자가 직접 우리에게 찾아와서 한 말이 있잖아요. 우리가 이번 가을부터 전 미국을 커버하는 방송을 하지 않으면, 그 시간대를 다른 쪽으로 넘긴다고 한 말 말입니다. 기억나시지요? 지금 우리가 16개 방송국을 사용하면서도, 이렇게 힘겹게 지내는데, 어떻게 90개가 넘는 전 미국 방송 네트워크를 사용 할 수 있겠어요! 이제 노골적으로, 우리보고 그만 두라는 이야기나 마찬가지입니다."

정말로 결정적인 위기였다. 루디의 이야기를 듣는 찰스 풀러의 뇌리에는 여러 가지 생각들이 오버랩되고 있었다. 방송국에서 직접 찾아와 준 것은 감사한 일이었다. 정중한 예의를 표시한 것이다. 그 동안 좋은 관계를 유지했기에 정중하게 유종의 미를 거두고 싶은 것이리라. 그러나 지금까지 여러 난관을 이기고 지켜온 방송 시간대를 포기할 수는 없지 않은가! 지금이 바로 기도할 때가 아닐까! 기도에는 약속이 있지 않은가!

> 너는 내게 부르짖으라, 네가 알지 못하는 크고 비밀한 일을 보이리라
> **예레미야 33:3**
>
> 너의 길을 여호와께 맡기라, 저를 의지하면 저가 이루시고 **시편 3:5**
>
> 하나님께서 저희를 안전하게 인도하셨도다 **시편 78:53**

창밖을 물끄러미 바라보며 생각에 잠겨있던 찰스 풀러가 입을 열었다. "루디, 전 미국 모든 방송국을 통해 '부흥의 시간' 을 방송하겠다고 전하시오. 그들이 원하면, 오늘이라도 당장 계약을 하겠다고 하시오."

"풀러 목사님, 진정이십니까. 그게 가능하다고 생각하십니까?"

루디는 놀라서 눈이 동그랗게 되었다.

"아니오, 가능하지 않습니다. 그러나 하나님은 가능하십니다."

사실 불가능하다고 생각하던 일이 이루어졌다. 기적이었다. 그 사이 여러 사건이 있었다. 1937년 10월 첫 주일부터, '부흥의 시간' 은 전 미주

● 롬비치 오디토리엄 전경

방송망을 통하여 전파를 타게 되었다. 시간대는 오후 7:30~8:30에서 오후 6:00~7:00(태평양 시간)로 바뀌었다. 우선 30개 중계소를 연결하고 다른 방송국들이 시간대가 비면 모든 방송망을 다 연결하기로 계약하였다. 첫 방송이 있었던 1937년 10월 3일은 실로 역사적인 날이었다. 방송 프로그램의 이름도 '올드 패션드 리바이벌 아우어'(Old Fashioned Revival Hour)로 바꾸고, 주제 찬송도 따로 정했다. 252장 '기쁜 소식 들리니 예수 구원하신다' 였다. 이보다 더 잘 어울리는 찬송은 없으리라. '만민에게 전하라,' '모든 죄인 나오라,' '바람들아 외쳐라' 하와이에서부터 동부 보스턴까지 '예수 구원하신다' 찬송 소리가 전 미국 땅에 울려 퍼지는 것을 상상하며 감격했다. 이 사실에 찰스 풀러는 행복했다. 가슴이 뛰었다. 심장의 박동이 심해져 이러다 심장이 너무 놀라서 잠시 쉬겠다고 하면 어떻게 하나 염려되기도 했다. 음악의 질을 높이기 위해 피아니스트로 아트우드를 영입하고 남성 사중창단을 조직했다. 11월 첫째 주에는 88개의 방송망을 확보할 수 있었다. 1939년 가을에는 전 미국에 있는 152개 모든 방송국을 통해 방송하게 되었다. 이렇게 1천만 명 이상의 청취자를 확보하였다. 이것은 그 때까지 어느 방송 프로그램도 세우지 못한 기록이었다. 아니 기적이었다.

"하나님의 은혜로 매주일 저녁 1시간 동안 방송을 할 수 있었습니다. 옛날 찬송과 복음송가를 부르며 하나님의 능력으로 영혼을 구원하는 복음의 말씀을 전했습니다. 우리가 전하는 메시지는 오직 하나, 십자가에 달리신 예수 그리스도 뿐입니다. 저희들은 하나님의 은혜로 모든 남자와 여자들이 예수 그리스도 안에서 하나님과 화목하게 되도록 노력했습니다. 방송을 계속함으로, 모든 사람들에게 예수 그리스도를 자신의 구세주로 영접할 수 있는 기회를 주고 싶었습니다. 이것이 우리가 하는 복음 방송 '올드 패션드 리바이벌 아우어' 의 사명입니다."

언제나 어려움은 파도처럼 몰려온다. 그러나 하나님께는 모든 것이 가능하다. 우리 하나님께서 약속을 지키신다. 부르짖으라 명령하신다. 부르짖는 자를 통하여 크고 위대한 일을 보이시고 이루신다.

5부

하나님의 놀라운 **은혜**

찰스 풀러

chapter 5

하나님의 놀라운 은혜

1. 방송은 국경을 넘어

찰스 풀러는 방송선교를 대표하는 인물이다. 라디오 시대를 풍미하며 40여 년간 복음을 전파했다. 수천 아니 수만의 후원자들이 기도하고 후원했다. 특기할 사실은 이 놀라운 사역을 미국 경제 대공황기에 시작했다는 것이다. 어려운 날들을 기도로 승리하며 동부에서 서부까지 전 미국 방송네트워크를 동원하여 전도했다. 1937년부터는 국경을 넘어 여러 나라들로 그 지경을 넓혀갔다. 2차 대전의 어려운 시기를 견디고 전후 시대의 불경기를 극복하고 살아남았다. 한국에서 벌어진 6.25 전쟁 그리고 텔레비전이 등장하여 라디오 방송에 위협을 가할 때에도 굳건하게 견디었다. 이런 모든 역경을 이기고 그 오랜 시간 동안 수많은 영혼들에게 복음을 증거 하였다는 사실은 경이롭기만 하다. 특히 2차 대전과 한국전쟁 중에 수많은 장병들이 주께로 돌아왔다. 놀라운 추수가 이루어졌다. 방송을 진행하던 롱비치 오디토리움은 롱비치 항에 주둔한 미군

기지와 가깝고, 태평양 전쟁터로 수송되는 군인들이 집결하는 장소였기에 복음전도의 전략적 요충지였다.

● 스튜디오 방송 설교

롱비치에서 출항한 크루즈 함 '세이트 포울' 은 한국 전쟁에 참전하고 있었다. '세인트 포울' 함은 전선에 배치되어 전쟁 상황에서 주일을 맞게 되었다. 승선중인 수천 명의 군인들은 완전무장 상태로 전투준비를 마친 상태였기에 함상에는 고요한 긴장감이 흐르고 있었다. 언제든 명령만 떨어지면 함포 사격이 시작되는 것이다. 당시 함정에 동승하고 있던 군목은 주일예배를 인도할 수 없었다. 어떻게 할 것인가? 갑자기 무슨 생각이 떠올랐는지 군목은 함장을 찾아갔다. 그리고는 오후 4시가 되었다. 전시의 긴장감을 풀고 사기를 높이기 위해, 전 승조원이 들을 수 있도록 안내방송이 나왔다.

"오늘은 주일입니다. 여러분과 함께 예배드리기를 원합니다. 이 시간 함께 방송으로 예배드립시다." 전 함상에 설치된 스피커를 통해 우렁찬 찬송이 흘러 나왔다. "기쁜 소식 들리니, 예수 구원하신다. 만민에게 전하라, 예수 구원하신다." 찰스 풀러의 방송 프로그램인 '올드 패션드 리바이벌 아우어' 가 방송된 것이다. 감동적인 예배였다. 선상에서, 침실에서, 전투 준비태세를 갖춘 장소에서, 함장부터 일반 병사들까지 모든 장병들이 함께 찰스 풀러 목사님의 말씀을 들었다. 구원하는 소리, 예수 그리스도의 메시지가 파도 소리와 함께 젊은 군인들의 영혼 속으로 파고들었다.

국경을 넘은 전파는 룩셈부르크에도 전파되었다.

"존경하는 풀러 목사님, 저는 룩셈부르크에 있습니다. 이곳에서 매주 성경말씀을 들을 수 있어서 얼마나 기쁜지 모릅니다. 무엇보다도 성경말씀을 온전한 하나님의 말씀으로 믿을 수 있게 설교하시는 것이 좋습니다. '저는 성경의 권위를 믿고, 모든 성경을 하나님의 말씀으로 믿습니다.' 라는 말씀을 하실 때 더욱 감동이 되고 은혜를 받았습니다. 저도 그렇게 믿습니다. 그러나 이 악하고 가련한 세대에 말씀을 바로 선포하는 설교자들이 많지 않습니다. 얼마 전, 저는 '성경을 어떻게 모두 다 하나님의 말씀으로 믿는단 말입니까?' 라고 말하는 목사를 만난 적이 있습니다. 풀러 목사님, 목사님께서 전하시는 하나님의 말씀은 바로 하나님 말씀 자체이십니다. 그런 말씀이 필요합니다. 저희들은 목사님을 위해 매일 기도합니다. 하나님께서 목사님을 사용하시고, 구별하셔서, 예수 그리스도께서 재림하시는 그날까지 하나님의 말씀을 선포하실 수 있게 해달라고 기도합니다."

전파는 국경을 넘어 영국에 이르렀다.

"사랑하는 풀러 목사님, 저는 영국에 사는 사람입니다. 석탄을 캐는 광부입니다. 저의 직업은 참으로 고달픈 직업이지만, 저는 소망을 갖고 살아갑니다. 어려운 일을 만날 때마다 신앙의 힘이 얼마나 중요한지 느낍니다. 저는 부모님께서 기독교인이셨기에 신앙 가정에서 자랄 수 있었습니다. 좋은 신앙을 가진 아름다운 여인을 만나 결혼도 했습니다. 저는 지난 7년 동안 목사님의 방송 설교를 듣고 있습니다. 매주 빠지지 않고 듣습니다. 말씀을 듣는 시간이 저희 가정에 가장 행복하고 밝은 시간이니까요. 이렇게 영국에까지 찾아오셔서 말씀을 전해 주시는 것 감사합니다. 이곳 방송 시간은 상당히 늦은 시간입니다. 그래서 저는 방송시간에 맞추어 초저녁에 먼저 잠을 자고 일어납니다. 밤 11시에 일어나 말씀을 들어야 하니까요. 저는 방송을 절대 놓치고 싶지 않습니다. 목사님, 감사합니다."

전파는 독일에도 이르렀다.

"풀러 목사님, 저는 영국 군인인데 독일에 있습니다. 저는 매주 목요일 방송을 듣고 있습니다. 얼마 전까지만 해도 저는 저희 군대 막사에서 제일가는 술고래였습니다. 마음이 답답할 때는 간혹 밤에 몰래 술집에 가서 술을 마시곤 하였습니다. 어느 날 저녁, 라디오를 듣다가 목사님의 말씀을 듣게 되었습니다. 너무 은혜롭고 깊은 감동을 받았습니다. 매주 계속 듣다가 예수님을 믿고 영접하게 되었습니다. 그 후로 저의 삶은 완전히 달라졌습니다. 저는 하나님 편에 서서 살기로 결심했습니다. 다시는 술집으로 가지 않겠습니다. 세상으로 가지 않겠습니다."

"저는 독일에서 전쟁 중에 포로로 잡힌 전쟁포로입니다. 저는 독일 놈들이 너무 미웠습니다. 그런데 예수님을 믿게 되면서부터, 미움과 증오가 사라졌습니다. 저는 독일인들에게 우리가 사는 길은 하나님께로 돌아가는 것이라고, 그 길이 유일한 길이라고 가르치고 있습니다. 목사님, 저는 곧 이곳을 떠나게 되고 결혼하게 됩니다. 잘 믿는 처녀와 결혼하게 됩니다. 저의 아내 될 사람은 복음송 가수로 여러 집회에 나가며, 하나님 나라를 위해 봉사하고 있습니다. 둘이 함께 이번 방송에 나온 찬송가, "하늘의 영광, 하늘의 영광, 나의 맘속에 차고도 넘쳐"를 따라 불렀습니다. 목사님, 감사합니다.”

“풀러 목사님, 저는 신학대학을 다니면서 작은 교회를 담임하고 있는 목회자입니다. 몇 달 전에 힘든 일이 있었습니다. 교회에서 집으로 돌아와 크게 낙심하고 있었습니다. 저는 설교를 다른 사람에게 맡기고 목회를 포기하는 것이 낫겠다고 생각했습니다. 저에게는 도움이 필요했습니다. 아무도 도와줄 사람이 없었습니다. 저는 지친 몸으로 라디오를 틀었습니다. 그리고 목사님의 말씀을 듣게 되었습니다. 저를 위한 말씀이었습니다. ‘저 시골 마을에서 힘들게 목회하는 목회자 여러분, 포기하지 마십시오!’ 그 말씀이 제 가슴에 닿았습니다. ‘강하고 담대하라, 좌로나 우로나 치우치지 말라’ ‘낙심하지 아니하면 때가 차매 거두리라’ 저에게 꼭 필요한 말씀이었습니다. 저는 목회지에 남기로 결정했습니다. 포기하지 않는 용기가 생겼기 때문입니다. 그 후로 하나님께서 역사하셔서, 문제들이 해결되고, 교회가 점점 부흥되어가고 있습니다.”

인도네시아에서 사역하는 선교사에게서 편지가 왔다.

“지난 8년 동안 저희들은 기도와 물질로 목사님의 방송선교를 돕고 있습니다. 지금 저희는 신임 선교사로 파송 받아 인도네시아 ‘셀레베스 몰리노’ 지역에 사는 산족들에게 복음을 증거하고 있습니다. 선교지에서 오랫동안 생활하다보니, 하나님의 말씀 안에서 예배드리고 찬송하던 성도의 교제가 얼마나 그리웠는지 모릅니다. 저는 사실, 이곳 인도네시아에서 목사님의 방송설교를 들을 수 있을 것이라는 것을 상상도 하지 못했습니다. 그런데 어제 저녁, 단파 방송을 찾다가 제가 그토록 좋아했던 목사님의 방송 설교를 들을 수 있었습니다. 감동했고 매우 황홀했습니다. 너무나 친숙한 목소리, 바로 목사님의 목소리가 라디오에서 흘러나왔습니다. 우리가 얼마나 행복하고 기뻤는지 상상하지 못하실 것입니다. 다시 목사님의 방송을 들을 수 있게 되어 저도 모르게 눈물을 흘리며 감사했습니다."

2. 풀러 데이

찰스 풀러의 방송사역은 역사적인 기록을 계속 갱신하고 있었다. 수천만 명의 청취자를 갖고 있다는 사실도 놀라운 일이었지만, 사역을 30년 동안 계속해왔다는 것도 대단한 일이었다. 1925년 8월부터 시작한 방송사역이었다. 1955년이면 30주년이 된다. ABC 방송 관계자들과 복음주의자들, 여러 동역자들이 30주년 기념행사를, 1월 둘째 주일 롱비치 오디토리움에서 갖기로 했다. ABC 방송은 특집으로 찰스 풀러의 인생과 사역에 대해 다루었다. 그 외 여러 방송에서 30주년을 기념하는 특집 방송과 기사가 나갔다. 방송 관계자들은 30주년 기념품으로 금 마이크를 특별 제작하여 선물했다. 복음 전도자인 머브 러셀(Merv Rosell)의 인도로 롱비치에서 축하예배를 드렸다. 롱비치 시장은 그 날을 찰스 풀러의 날(Charles Fuller Day)로 선포했다. 전국에서 축하객들이 몰려왔다. 성대한 축하행렬이 이어졌다.

1957년 ABC는 방송 프로그램 개편을 단행하였다. 모든 프로그램을 30분 단위로 제한한다는 정책이었다. 이것은 더 이상 롱비치에서 1시간

● 마이크 앞에 선 풀러와 그레이스

짜리 프로그램을 진행할 수 없다는 것을 의미했다. 찰스 풀러의 나이도 이제 70이 넘었다. 자신도 이제 나이가 들어간다는 것을 느낄 수 있었다. 찰스 풀러는 1958년 1월 12일을 33주년 기념으로 마지막 집회를 갖기로 했다. 30분짜리 방송은 ABC 방송국 스튜디오에서 제작하는 것이 좋을 것이라고 생각했다. 찰스 풀러는 1957년 12월 다음 내용이 담긴 편지를 발송했다.

“1958년 1월 12일 이후부터, 롱비치 오디토리엄에서 1시간 동안 얼굴을 맞대며 모이던 ‘올 패션드 리바이벌 아우어’ 가 모이지 않게 됩니다. ABC 방송국의 사정에 따라 모든 프로그램이 30분짜리로 바뀌게 됩니다. 그래서 매 주일 만나던 라디오 친구들을 못 만나게 되었습니다. 제 마음은 아쉽기만 합니다. 저는 여러분과 얼굴을 마주하고 말씀을 전하고 악수를 나누었던 아름다운 사귐을 잊지 못할 것입니다. 영원히 간직할 것입니다. 이제 30분짜리 프로그램으로 바뀌게 되지만 하나님의 은혜로 계속 복음을 선포하는 방송을 할 수 있게 되었습니다. 우리는 믿지 않는 남자와 여자들 모두에게 그리스도와 화목하게 하는 하나님의 말씀을 선포하라는 소명에 순종해야 합니다.”

1958년 1월 12일이 되었다. 지난 20년 동안 매 주일 방송이 진행되었던 롱비치 오디토리움은 열기로 가득했다. 아쉬움을 품고 자리가 모자랄 정도로 많은 사람들이 몰려왔다. ‘죄 많은 이 세상은 내 집 아니네’ ‘평화, 평화로다 하늘 위에서 내려오네’ 아름다운 4중창이 울려 퍼졌다. 찰스 풀러도 가족과 함께 찬송했다. ‘의지하고 순종하는 길은’ ‘하늘의 영광 나의 맘속에 차고도 넘쳐’ ‘죄짐 맡은 우리 구주’ 를 찬송하며 서로 아쉬운 작별을 하였다. 찰스 풀러는 감정에 겨워 간혹 눈물 섞인 목소리가 나오기 했지만 말씀을 선포할 때에는 특유의 강한 목소리가 살아났다. 말씀은 이사야 1장 18절을 중심으로 하였다. ‘오라 우리가 서로 변론하자 너희 죄가 주홍 같을지라도 눈과 같이 희어질 것이요 진홍같이 붉을지라도 양털같이 되리라.’ 하나님의 7가지 놀라운 은혜를 설명했다. 첫째, 하나님께서 모든 것을 용서하신다. 둘째, 하나님께서 모든 사람을 용

● 편지를 낭독하는 그레이스

서하신다. 셋째, 하나님께서 죄인들과 변론하신다. 넷째, 우리의 모든 죄를 용서하시는 하나님께서 죄인들과 변론해 주신다. 다섯째, 하나님께서는 죄인들을 용서하실 뿐만 아니라 죄인을 변화시키신다. 여섯째, 하나님께서 죄인들을 새로운 피조물이 되게 하신다. 일곱째, 하나님은 오래 참으시며, 사람들에게 '지금 오라'(Come now)하신다. 많은 사람들이 손을 들고 주님을 영접하였으며, 20명 정도는 앞으로 나와서 자신의 신앙을 사람들 앞에서 고백하였다. '우리 다시 만날 때까지 하나님이 함께 계셔' 노래하면서 집회의 막이 내렸다. 찰스 풀러는 일일이 사람들과 악수하며 아쉬움을 나누었다.

그레이스 풀러의 일기장엔 그날의 기억이 고스란히 담겨있다.

"우리는 정든 롱비치 항을 떠나면서 감회에 젖었다. 낡은 오디토리움 건물을 다시 돌아보며 속삭였다. '굿 바이!' 지난 20년 동안 바로 저곳에서 복음이 전 세계로 퍼져 나갔다. 전 세계에서 우리를 찾아와준 수많은 라디오 친구들을 저곳에서 만났고, 우리는 행복한 친교를 나누었다. 이제 그런 친구들을 다시 만날 수 없다는 생각에 마음이 저리고 아프다. 오랫동안 정들었던 오디토리움에서 눈을 뗄 수 없었다. 돌아보고 다시 돌아보고, 또 다시 돌아보며, '굿 바이' 라고 여러 번 인사하며 손을 흔들었다."

풀러 목사는 이제 더 이상 롱비치에서 모이지 않는다고 여러 번 광고했다. 편지도 보냈다. 그러나 주일 12시 30분이 되면 사람들은 롱비치로 몰려왔다. 그래서 7개월 정도까지 안내하는 사람들을 보내서 일부러 찾아온 사람들을 맞이하도록 했다. 놀라운 것은, 3년이 지난 다음에도 방송실황을 보려고 롱비치 오디토리움을 찾아 온 사람이 있었다는 사실이다.

3. 새로운 방송 프로그램

ABC 방송 프로그램은 모두 30분으로 단축되었다. 그러나 주일 오후에는 280개 ABC 방송망을 통하여 미전역으로 방송을 계속할 수 있었다. 독자적인 방송망을 가지고 있던 400여개의 방송국 프로그램도 자연스럽게 30분으로 단축하게 되었다. 음악과 말씀이 어우러진 프로그램이지만, 30분으로 단축하게 되면 어떤 변화가 생길지 사뭇 걱정스럽기도 했다. 3개월이 지나고 나서 평가를 해 보았을 때, 방송 시간의 변화는 성공적으로 잘 이루어진 것으로 평가되었다. 찰스 풀러의 이야기를 들어보자.

"저희 방송을 청취해 주시는 청취자 여러분, 안녕하십니까? 여러분들께서 이번 방송 프로그램의 변화가 하나님의 인도로 잘 이루어진 것으로 평가해 주셨습니다. 저도 그렇게 생각합니다. 새롭게 변화를 갖게 되어 저희들은 어느 때보다 더 효과적으로 방송사역을 할 수 있게 되었습니다. 저희들은 인구가 많은 도시에 있는 방송국을 여러 개 더 사용할 수 있게 되었습니다. 감사한 일입니다. 언제나 변화는 어려움을 동반합니다. 많은 청취자분들이 롱비치 오디토리움에서 방송할 때의 감격을 함께 나누지 못하게 되어 서운하게 생각하십니다만, 30분짜리 프로그램도 알차게 꾸미니까, '30분도 이렇게 여유롭고, 의미 있는 시간이 될 수 있구나' 하면서 놀라움을 표시합니다. 잘 이해해 주셔서 감사합니다. 이번 방송 프로그램의 변화는 성공적으로 잘 이루어진 것으로 보입니다."

1960년 4월 17일, 콜로라도 덴버에서 편지가 왔다.

"목사님, 안녕하세요? 목사님의 목소리를 방송에서 들을 때마다, 저는 눈물을 흘리며 말씀을 듣습니다. 제가 처음으로 방송을 통해 목사님의 설교를 듣고 구원을 받았던 그 때를 기억하며 감격합니다. 감동이 되살아납니다. 제가 목사님의 설교를 듣지 못했다면 지금 어떻게 되었겠습니까! 잃어버린 영혼들을 위하여 그토록 열정과 사랑으로 말씀을 전해주시니 얼마나 감사한 일인지 모릅니다. 하나님께서 은혜를 주시고, 함께 하심으로, 잃어버린 영혼들이 주께로 돌아오는 구원의 역사가 계속될 것입니다. 저도 이렇게 돌아왔으니까요."

뉴욕에서 편지가 왔다.

"목사님, 저는 숨 가쁜 날을 지내고 있습니다. 우선 저를 죽음에서 건져 주셔서 감사합니다. 저희 가족은 뉴욕으로 이사를 왔습니다. 저의 남편이 큰 도시에서 일자리를 구해보겠다고 해서 말입니다. 그러나 남편은 10일 동안이나 시내를 돌아다니며 일자리를 찾아보았으나 없었습니다. 이틀 전에 남편이 집을 나가면서, 일자리를 구하지 못하면 집에 돌아오지 않겠다고 말하고 나갔습니다. 남편이 나간 후에 저희 딸이 아프기 시작했습니다. 갑자기 고열이 나고 정신이 혼미해졌습니다. 주위에 아는 사람은 하나도 없고 남아있는 돈도 전혀 없었습니다. 저까지 정신이 없어졌습니다. 도저히 더 이상 감당할 수 없었습니다. 너무 낙심하여 집 안에다 가스를 틀어놓고 아이와 같이 죽는 것이 낫겠다는 생각을 했습니다. 그리고 너무 답답하여 라디오를 틀었습니다. 재즈 음악이나 뭔가 답답한 속을 풀어줄 방송을 듣고 싶었습니다. 그런데 라디오를 켜자마자, '주님은 우리의 반석이시오, 환란 날에 피할 피난처시로다. 주께 의지하는 자는 힘을 얻으리라. 환란 날에 피할 곳은 주의 날개 아래 밖에 없도다.' 전혀 예상하지 못했던 말씀이었습니다. 그 동안 저는 하나님을 잊고 살았습니다. 어렵다고 좌절하며 낙심했습니다. 저는 즉시 그 자리에서 무릎을 꿇고, 주님께 도와 달라고 기도했습니다. 그 후로 모든 것이 나아졌습니다. 꿈을 꾼 것 같았습니다. 남편이 집에 돌아와서 일자리를 찾았다고 했습니다. 그 끔찍한 순간에서 저를 건져 주시고 저의 목숨을 구해주신 것, 무어라 감사드려야 할지 모르겠습니다. 다시 감사드립니다."

방송 프로그램이 짧아지니 좋은 점도 있었다. 이제 방송국 스튜디오에서 녹음하여 방송을 하게 되었기 때문이다. 찬양 팀을 비롯한 모든 사람들이 모였을 때, 2주일 분 즉 1시간 분량의 녹음을 마칠 수 있어서, 1년 52주 방송분을 26회 만에 제작할 수 있게 되었다. 찰스 풀러는 매 주일 두 개의 설교를 준비해야 했지만, 그 동안 한 주간도 빠짐없이 지난 40년 동안 설교를 한 찰스 풀러에게는 시간적인 여유가 많이 생기게 되었다. 여름과 겨울에는 휴가도 길게 가질 수 있게 된 것이다. 휴가를 가더라도 찰스는 산이나 들 그리고 광야가 있는 곳을 좋아했다. 같이 동행하는 그레이스는 Oregon 출신이라 비가 오고 안개가 낀 곳을 더 좋아했다. 휴가 중에 시골 마을에 있는 작은 교회들을 방문하는 것도 큰 즐거움이었다. 찰스 풀러가 50명 정도 모이는 어느 작은 교회를 방문하고 싶다는 전화를 받은 작은 교회 담임 목회자는 놀라서 말했다.

"목사님, 농담이시지요. 저희 교인들도 방송을 듣고 있어서 좋아하고 존경하는 분이지만, 아시다시피 저희 교회는 50석 정도의 작은 교회인데, 어떻게 풀러 목사님 같은 분을 모실 수 있습니까! 그리고 저희는 그런 분을 모시고 집회를 할 만한 예산도 세우지 못했는데요."

"풀러 목사님은 집회를 하고 모금하러 오시는 것이 아닙니다. 작고 아담한 교회 목사님과 교인들을 만나서 교제하고 함께 은혜를 나누려고 하는 것입니다. 다른 뜻이 있는 것은 아니에요."

"그래요, 그렇다면 저희들은 영광이지요. 좋습니다."

시간적인 여유가 많지 않아서, 여러 곳에 광고할 시간도 없었지만, 시골 목회자는 큰 모임 장소를 거금 4달러를 투자하여 빌렸다. 시골에서 처음 갖는 대 집회였다. 홀이 너무 커서 어찌하나 고민하였다. 그리고 집회 시간이 되었을 때 놀랐다. 어떻게 들었는지 소문을 들은 사람들이 몰려와서 은혜롭고 복된 시간을 가졌다. 집회에서 롱비치 분위기가 살아나는 것 같았다. 모두 목소리 높여 찬양했다. '하늘의 영광 하늘의 영광 나의 맘속에 차고도 넘쳐 할렐루야를 힘차게 불러 영원히 주를 찬양하리' 찬송은 꼬리를 물고 계속 이어졌다. 모두가 행복했다. 집회에서 모인 헌금은 시골 교회에 모두 전해 주었다. 방송 애청자들을 만나 이렇게 시간을 보내는 것이 얼마나 기쁜 일인가! 하나님께 감사하며 가는 곳마다, 기회 있을 때마다, 이런 깜짝 집회를 계속하였다.

풀러의 77세 생일이 지난 어느 날, 청취자 한 사람이 시를 한 수 보내왔다.

우리 앞에 열린 문, 하나님의 길
이 세상 죄인들 구하기 위해
철의 장막이 드리웠지만
주의 말씀 온 세상 덮고
귀한 은혜, 복된 선물
교회는 알게 되리
우리 앞에 열린 문, 라디오 방송

찰스 풀러는 말했다. "저의 비전은 이 세대에 온 세계가 복음화 되는 것을 보는 것입니다. 제가 사명을 마치려면 두 가지를 해야 합니다. 하나는, 라디오 설교를 가장 효과적으로 하는 것이고, 둘째는 다른 설교자들을 훈련시키는 것입니다. 그는 79세까지 방송 설교를 계속했다. 그리고 복음을 전하는 설교자들을 훈련하기 위하여 풀러신학교를 설립하게 되었다.

4. 다음 세대를 준비하라

찰스 풀러는 한 시대를 풍미했다. 그에게 라디오 사역은 실로 경이로운 하나님의 부르심이었다. 그는 라디오 방송을 통해 그 시대에 가장 효과적으로 복음의 징검다리 사역을 하였다. 그의 사역을 통해 수많은 영혼들이 주께로 돌아왔다. 하지만 찰스의 마음에는 다른 무거운 짐이 하나 더 있었다. 주의 사역을 위해 젊은 일꾼들을 복음 전도자로 훈련하는 것이었다. 찰스는 1928년부터 1932년까지 바이올라 대학의 이사장으로 봉사하였고, 신학교에서 강의를 하기도 했다. 그러나 무언가 좀 더 의미 있는 일을 해야 한다고 생각했다. 다음 세대를 위해 일꾼들을 기르고 싶었다.

1939년 11월 어느 날이었다. 누군가 깊이 잠들어 있는 찰스를 깨웠다. 모두가 잠든 깊은 밤이었다. 마음이 무거웠으나 곧 선명한 비전이 떠올랐다. '세상에 얼마나 많은 사람들이 주님을 모르고 죽어가고 있는가! 죽어가는 사람들, 잃어버린 영혼들 찾아, 세상에 나가서 복된 생명의 말씀을 전해 줄 수 있는 말씀의 사역자들을 훈련하는 학교를 세워야 한다. 그리스도 중심으로, 말씀 중심으로, 성령의 인도함을 받는 그런 학교를 세워야 한다.'[4] 이것은 잠시 지나가는 생각이 아니었다. 무겁고 중한 마음의 부담은 그를 떠나지 않았다. 그는 시간이 나면 이곳저곳을 다니며 신학교를 세울 장소를 물색하기 시작했다.

당시 라디오 사역은 점점 커지고 있었다. 2차 세계 대전에 미국이 참전하게 되면서, 전쟁의 참상을 피부로 가까이 느낀 사람들은 더욱 영적 갈급함이 심해졌다. 많은 사람들이 영적인 갈망을 갖게 된 것이다. '부흥의 시간' 방송 설교는 적절한 해답을 주었다. 방송사역을 통해 많은 사람

4) 찰스 풀러는 1947년 풀러신학교 설립 예배에서 설교 말씀을 하면서 그 때의 심정을 이렇게 밝혔다.

들이 주께로 돌아왔다. 은혜로운 말씀을 매 주일 듣는 사람들은 어떻게 든 영혼구원 사역에 동참하기를 원했다. 정성을 모으기 원했다. 그런 마음을 구체적으로 표현하기 위해 자신의 물질을 드리기 원했다. 청취자들은 알고 있었다. 자기가 물질을 가지고 있는 것보다 풀러 목사의 사역에 보내면 그 물질이 복음전도를 위해 보다 효과적으로 사용될 것이라고 생각했다. 고정 청취자 중 한 청년은 태평양 전쟁을 위해 출병해야 한다는 통지서를 받고, 전화를 걸어 풀러를 만나고 싶다고 했다. 전장으로 떠나는 군인의 면담 요청을 받고 만났다. 군인은 말했다. "목사님, 저는 이번에 전쟁터에서 아마 돌아오지 못할 것 같습니다. 제가 돌아오지 못한다면 어떻게 할까 생각하다가, 제가 가진 모든 것을 주님의 사역을 위해 드리는 것이 좋겠는 생각이 들었습니다. 목사님, 이 돈을 저의 이름으로 선교활동하시는데 써 주시기 바랍니다." 이렇게 찾아오는 사람들이 많았다.

방송사역을 주로 하는 GBA 재단 규정은 유동적이었다. 일반적인 목적으로 '해외선교 사역, 전도, 구제, 교육 사업' 을 할 수 있게 되어 있었다. 그래서 찰스 풀러는 방송사역 뿐만 아니라 다른 선교사역도 후원할 수 있었다. 1942년 10월 GBA 이사회는 새로운 재단인 '풀러 전도협회(Fuller Evangelistic Association)' 를 설립하기로 결정하였다. 따로 선교자금을 모아, '복음전도 사역을 위해, 전문 사역자들을 훈련하는 일과 그 훈련을 돕는 목적' 을 효과적으로 이루어가기 위해서였다. FEA와 GBA는 각각 독립적인 기관이었지만 대부분의 동일한 이사진으로 구성되었다. 1968년에는 '풀러전도협회' 라는 이름이 주는 혼란을 피하기 위해 '풀러전도재단' (Fuller Evangelistic Foundation)으로 재단 명칭을 바꾸었다.

1944년 여름, '풀러 선교와 전도 신학교 (Fuller Seminary of Missions and Evangelism)'를 설립하기 위한 구체적인 계획이 나왔다. 패서디나에 있는 칼텍 공과대학 북쪽의 연구소 부지를 매입한 것이다. 칼텍 연구소는 전쟁 중에는 군사 연구 시설로 사용하던 곳이었다. 학교 시설로 토지 사용 변경만 하면 되는 장소였다. 그러나 전후의 예민한 지역 주민들은 용도변경을 허락하지 않았다. 그래서 그 땅을 팔고 FEA는 시청 옆에 있는 5에이커의 땅을 매입하였다. 전에 고등학교가 있던 곳이었다. 패서디나는 오래된 도시라 적당한 땅을 구하기 어려웠다. 당시 패서디나 시내 중심가에 비어있는 큰 땅은 그곳 밖에 없었다.

건축계획도 구체화하였다. 찰스 풀러는 전쟁이 끝나고 철근과 건축 자재가 시장에 나오면, 최고의 설계사에게 부탁하여 6동의 콘크리트 건물을 지을 것이라고 발표했다. 1945년 가을부터 학생들을 받기로 하고 학교건물이 지어지는 동안에는 자신이 출석하던 '레이크 에비뉴 교회' 건물을 잠시 빌려 쓰기로 하였다. 담임 목회자인 제임스 허친스(James Hutchins)는 풀러 전도협회 이사를 겸하고 있었다. 교회는 회의를 열어 3층짜리 교육관을 새로 시작하는 풀러신학교가 사용할 수 있도록 배려하였다. 찰스 풀러는 선교학과 전도학을 전공하는 5년제 신학사 과정을 기본으로 하고, 대학 졸업생들을 위한 과정으로는 선교와 전도학 과정을 두기로 했다. 적어도 500명 정도가 입학을 원할 것이며 그 중에서 우수한 학생으로만 125명을 선발하려는 계획을 구체화하였다. 그러나 2차 세계 대전은 계속되었다. 전쟁은 학교 건축계획에 차질을 가져왔다. 건축계획을 1946년 가을로 변경해야 했다. 이렇게 시간이 늦어진 것도 한편으로는 좋은 일이었다. 충분한 시간을 두고 실력 있는 훌륭한 교수들을 영입할 수 있는 시간적 여유를 가질 수 있었기 때문이었다.

찰스 풀러는 윌리엄 에반스(William Evans) 교수를 신학교의 총장직에 적임자로 생각했다. 그는 성경에 능통한 유능한 학자이며 설교가였다. 찰스는 바이올라 대학생 시절부터 탁월한 교수인 그를 존경하였다. 당시 에반스는 바이올라 대학을 떠나 무디 성서대학에서 교육학과를 책임지고 있었다. 에반스 교수는 풀러의 초청에 흔쾌히 허락했다. 그리고 교수진을 확보하는 일과 교과과정을 짜는 일을 시작했다. 이슬람권에서 40년간 사역하고, 프린스턴 신학교에서 가르쳤던 사무엘 즈웜머(Samuel Zwemer) 박사도 패서디나로 이사왔다. 모든 일들이 계획대로 잘 진행 되는 듯하였다.

그런데 갑자기 문제가 생겼다. 1946년이 되었는데도 개교할 수 없게 되었다. 총장직을 수행하던 에반스 교수가 갑자기 건강이 악화되었다. 더 이상 총장 역할을 할 수 없게 된 것이다. 그렇다고 79세가 된 즈웜머 교수에게 강의를 모두 부탁할 수도 없는 노릇이었다. 설상가상으로 전후 인플레이션으로 물가가 폭등했다. 건물을 짓는데 물자가 부족했다. 재원 조달에도 차질이 생겼다. 찰스 풀러가 원래 계획했던 가격보다 세 배 이상이 필요하게 되었다. 무엇보다 가장 시급한 것은 총장을 선임하는 것이었다. 찰스 풀러는 젊은 지도자를 원했다. 그리고 오랫동안 눈여겨 보아두었던 헤롤드 오켕게를 떠 올렸다. 그는 보스턴에 있는 역사적인 교회인 '파크 스트릿 회중교회' 담임 목사로 10년째 봉직하고 있었다. 대단히 복음적이며 지성적인 설교자로 알려진 인물이었다. 1930년 웨스트민스터 신학원을 졸업했고, 1939년 피츠버그 대학에서 철학 박사학위를 취득한 학자이며 목회자였다. 그는 여러 권의 책을 저술하였고, 1942년 전 미국 복음주의협회 초대 회장에 피선되기도 하였다. 복음주의를 대표하는 인물이었다. '파크 스트릿 교회'는 해외 선교를 위한 특별 집회를 개최하였다. 1946년 봄에는 7만5천 달러를 모금하여 해외선교사들을 도왔다. 찰스 풀러는 편지를 썼다.

"오켕게 박사님, 도움이 필요합니다. 저는 풀러신학교 총장을 찾고 있습니다. 에반스 박사는 병이 나서 더 이상 총장직을 수행할 수 없습니다. 그 외 교수진들과 저는 나이가 들어가기 때문에 저는 가능하다면 35세에서 45세 아니면 50세 정도의 젊은 총장이 가장 좋을 것으로 봅니다. 신학대학원을 졸업한 분으로 명성이 있고, 학문이 탁월한 사람, 신학원을 졸업한 후 목회 사역 경험이 있는 사람을 찾고 있습니다. 오켕게 박사께서 우리가 찾는 그런 자격을 가진 적임자를 알고 계시다면, 저에게 연결시켜 주시면 아주 감사하겠습니다. 솔직히 말하자면 저는 오켕게 박사께서 언젠가 이 신학대학교의 책임을 맡아 이끌어주시기를 기대하고 있습니다. 이런 제안이 박사님께 다소 불합리한 소리로 들리실지 모르지만, 저는 박사님께서 우리와 함께 기도해 주실 것이라고 믿습니다. 제가 그렇게 기대해도 되겠지요? 성경이 우리에게 하시는 말씀을 박사님도 잘 아실 것입니다. '너희가 얻지 못함은 구하지 아니함이요.' 저희는 구하고 있습니다."

오켕게 박사는 답신을 보내왔다. "풀러 목사님, 과분한 칭찬과 함께 중요한 기도 제목을 주시니 감사합니다. 저도 함께 기도하겠습니다. 그런데 하나님께서 선교와 전도에 대한 부담을 주시고 저를 그 쪽으로 인도하십니다. 아마 지금부터 5년 이내에 하나님께서 학교를 축복하시고 저를 그 쪽으로 인도하시리라 믿습니다. 저도 풀러신학교에 대해 관심은 많습니다."

무엇보다도 사람이 시급한 문제였다. 학교는 당장 시작해야겠는데, 총장으로 임명할 사람이 없었다. 9만 5백 달러에 산 땅은 이제 15만 달러짜리 자산이 되었다. 찰스 풀러에게 신학교 설립은 포기할 수 없는 절대적 명제였다. 누군가 학교를 이끌 사람이 필요했다. 찰스는 바로 그 사람을 생각하며 글을 썼다.

"사랑하는 형제여, 유능한 인재가 필요합니다. 하나님께서 이 험악한 세상에 복음을 선포할 하나님의 사람들을 훈련시킬 이런 학교가 필요하다는 영적 부담감을 저의 마음에 부어 주셨지만, 저는 자격이 부족합니다. 이런 학교를 이끌어가고 학교 커리큘럼을 만들 수 없습니다. 학교는 세워야 하는데 저는 교육자가 아닙니다. 어떻게 해야 할까요? 이런 복음주의적인 학교를 세우는데 있어 비전을 함께 나눌 수 있는 사람이 필요합니다. 도움이 필요합니다. 하나님께서 왜 저 같은 사람에게 이런 무거운 영적부담을 주시는지 이해할 수 없습니다. 그러나 오래 전부터 하나님께서 저를 설교자로 확실하게 부르셨을 때에도, 저는 부족하다고 느꼈습니다. 그분의 뜻을 다 이해할 수 없었습니다. 잃어버린 영혼을 찾기 위해 라디오 방송사역으로 부르실 때에도, 저는 그런 일을 할 수 있는 재목이 되지 못한다고 부정하며 기도한 적도 있습니다. 저는 아직도 설교자로 덜 다듬어졌다고 고백합니다. 하지만, 하나님의 뜻에 맡기고 그분의 뜻을 따라갈 때, 하나님께서 모든 것을 책임져 주시고 역사하여 주셨습니다. 놀라운 방법으로 역사하여 주신 것은, 그것이 하나님의 뜻이고 계획이기 때문이었습니다. 하나님의 뜻은 이루어집니다. 풀러신학교를 세우는 것이 하나님의 뜻이 아니라면 저는 아무 것도 할 수 없을 것입니다. 그러나 이것은 하나님의 뜻이라고 확신합니다. 꼭 이루어질 것입니다. 다만 지금은 하나님의 때가 아닌지는 알 수 없습니다."

찰스 풀러는 학교를 위해 기도하며 하나님의 뜻을 구했다. 한밤중에 일어나 기도하는 일도 잦아졌다. 한참을 기도하다가 다시 쓰러져 잠들고 하였다. 오켕게 박사는 찰스 풀러의 초청을 수락했다. 초대 총장이 되어 놀라운 리더십을 발휘했다. 처음 신학대학 과정으로 시작하려던 것을 신학대학원 과정으로 계획을 바꾸어 개교했다.

1947년 개교 기념 예배에 2천5백여 명이 참석했다. 찰스 풀러는 신학대학원을 세우는 비전에 대해 설명했다. 그리고 오켕게 총장을 소개했다. 오켕게 총장은 대학을 졸업한 학생들이 말씀의 사역자가 되기 위해 왜 대학원 3년 과정이 필요한지를 자세하게 설명했다.

"하나님께서 우리를 부르셨습니다. 소명을 위해 우리가 감당해야 할 사역이 있습니다. 이것은 일반 그리스도인들로 만으로는 감당할 수 없는 사역입니다. 특별한 신학훈련을 받은 사람들이 감당해야 할 사역입니다. 신학훈련은 하나님의 말씀과 서구 문명의 기초가 되는 기본 이론들을 새롭게 연구하는 학문적 작업입니다. 기독교 신앙과 신학을 새롭게 조명하는 학문작업을 하기 위하여 실력이 있고 열정이 있는 사람들이 필요합니다. 신앙이 없는 사람들에게 우리의 신앙과 믿음을 설득력 있게 잘 설명해 줄 수 있는 학문적 작업이 필요합니다.

풀러 신학대학원을 통하여 신앙적 기초를 다시 세우고 무너진 성벽을 보수하자는 것입니다. 기초가 무너졌을 때 의로운 사람이 취할 태도가 무엇입니까? 우리는 하나님에 관해, 하나님이 창조하신 세상에 대해, 영혼과 영생에 관하여 지적으로 존경받을 수 있을 만큼 수준 높은 학문을 이루어가야 합니다. 이런 과정을 통하여 미래의 지도자가 될 젊은이들이 다시 한 번 영원한 하나님의 변치 않는 말씀의 법칙들을 배우게 될 것입니다. 다음 세대를 이끌어갈 영적 지도자들이 바른 신학을 정립할 수 있게 해야 할 것입니다.

지금까지는 지성적인 면에 대해 말씀을 드렸습니다. 이제는 영성에 대해 말씀드리겠습니다. 우리 주님께서 영성에 대한 모범을 보여 주셨습니다. 우리의 문제는 분명합니다. 우리가 예수님의 모범을 따르지 않는다는 것입니다. 그것은 단순한 것입니다. 예수님은 선교에 최고의 우선순위를 부여하셨습니다. 우리가 세상에 복음을 전파하도록 우리의 젊은이들을 훈련하면서 아무리 학문을 강조한다고 하더라도, 우리 학생들의 가장 기본적이며 최선의 목표는 세상에 파송 받은 선교사들이 되는 것입니다. 가슴에 뜨거운 열정을 담고, 영혼들을 예수 그리스도께로 인도하는 불같은 전도자가 되는 것입니다.

사람들은 이렇게 말합니다. 지금 세상은 전쟁의 불길에 싸여 있는데, 지금이 신학교를 세워야 할 때입니까? 이런 질문은 지금 이때에 가장 적절한 질문입니다. 신학교를 세우지 않고 젊은 사역자를 훈련하지 않는다면 세상에 보낼 일꾼이 없습니다. 누구를 보내며 누가 가겠습니까? 여러분 자신이 나서시겠습니까? 훈련되지 않은 사람들을 보내겠습니까? 예수님께서 재림하시기 전까지 누가 이 일을 감당하겠습니까? 사랑하는 친구들이여, 제 말을 깊이 생각하며 잘 들어 주시기 바랍니다. 세상을 가장 신속하게 복음화 하는 방법이 있습니다. 훈련된 사람들을 보내는 것입니다. 하나님께서 부르신 사람들, 영적으로 거듭난 사람들, 영적으로 훈련된 사람들, 성령의 능력 안에서 복음을 들고 나가는 사람들을 보내는 것입니다. 우리는 실패하지 않을 것입니다. 하나님께서 우리와 함께 하십니다. 예수님께서 오시는 그날까지 우리는 이 사역을 계속 할 것입니다.

풀러신학교를 위해 기도해 주십시오. 여기 앞자리에 앉아있는 1기로 입학한 39명의 학생들을 위해 기도해 주십시오. 교수진을 위해 기도해 주십시오. 풀러 박사님을 위해 기도해 주십시오. 필요한 재정이 채워지도록 기도해 주십시오. 이 사역을 감당하기 위하여 많은 재정이 필요합니다. 지금까지 하나님께서 잘 시작할 수 있도록 채워주셨습니다. 그러나 이제 시작입니다. 앞으로 할 일이 많습니다. 다시 말씀드립니다. 저는 이 학교가 선교와 복음전도의 요람이 되기를 간절히 바랍니다. 우리 마음속에 있는 믿음의 소망에 관하여 이유를 묻는 자들에게, 복음을 부끄러워하지 않고, 복음의 능력을 보여 줄 수 있기를 바랍니다."

풀러신학교는 이렇게 태동하였다. 지난 8년 동안, 찰스 풀러의 마음에 무거운 영적인 부담감으로 자리하던 일이 현실로 나타나 열매를 맺은 것이다. 풀러신학교 이름은 찰스 풀러의 아버지인 헨리 풀러(1846-1926)의 이름을 따서 지은 것이다. 풀러신학교 건물 입구에 있는 헨리 풀러 기념판에는 이런 내용이 적혀있다. 헨리 풀러는 진실한 평신도 신자였으며, 비전을 가진 성실한 청기기로, 복음전도와 사역을 위해 임마누엘 재단을 설립하였으며 그 재단 기금으로 풀러신학교를 설립하였다. 1947년 풀러신학교의 시작은 미약하였다. 그러나 최고의 교수진과 열정적인 학생들이 있었다. 1960년대까지 찰스 풀러의 라디오 방송을 듣고 학교에 등록한 학생이 전체 학생 숫자의 절반 정도를 차지했다. 학교는 점점 발전해나갔다.

풀러신학교 3회 졸업생이며, 1963년부터 30년 동안 총장으로 재직한 데이빗 허버드(David Hubbard)는 레이크 애비뉴 교회 주일학교 교실에서 시작된 풀러신학교 당시 상황에 대해 이렇게 말했다.

"풀러신학교 초창기는 미미했습니다. 초기 입학생인 우리들은 주일학교 교실에 앉아서 강의를 들었습니다. 의자가 너무 작았습니다. 불편했습니다. 하지만 불평하는 사람은 하나도 없었습니다. 우리는 풀러가 최고의 학교라고 확신했습니다. 자부심이 대단했습니다. 이유가 있었습니다. 당대를 대표하는 최고의 학자들을 교수로 모시고 있었기 때문입니다. 학교의 수준은 교수와 학생이 결정하는 것이지 책상이나 의자가 결정하는 것은 아닙니다." 풀러는 불타는 지성을 모토로 한다. 지금도 각 분야 최고의 교수진을 모시는 것은 풀러신학교의 전통이다.

풀러신학교 졸업생들은 선교사로 목회자로 세계 각국으로 퍼져 나갔다. 라디오 방송국으로 풀러 졸업생에 대한 감사 편지가 오기도 했다.

"존경하는 풀러 목사님, 많이 바쁘신 것으로 알고 있습니다만, 목사님의 제자이며 저희 교회 목사님, 1952년 풀러 졸업생에 대한 이야기를 들으실 시간은 내 주실 것으로 믿습니다. 우리 목사님이 설교하는 것을 들으시면 풀러 목사님께서 아주 자랑스럽게 여기실 것입니다. 우리 목사님은 성령이 충만하시고, 성경 말씀을 바로 설교할 뿐만 아니라, 그의 삶이 바로 설교 자체입니다. 예수님을 모르고 사는 잃어버린 영혼에 대한 열정은 따를 사람이 없을 정도입니다. 교회를 나오지 않고 신앙을 져버린 사람들에 대해서도 대단한 관심을 기울입니다. 그는 소명에 충실하며, 가르치는 일, 설교하는 일, 전도하는 일에 전심을 다합니다. 저희 교회 목사로 부임한지 이제 6개월이 지났지만 그 동안에 많은 사람들이 새로 믿기로 작정하고 교회에 출석하기를 기뻐합니다. 이런 사람들을 훈련하여, 풀러 목사님처럼 말씀을 전하고 주님을 섬기도록 세상에 보내시는 풀러 목사님의 마음은 얼마나 기쁘고 즐거울까 생각해 봅니다. 좋은 목사님을 훈련시켜서 저희에게 보내주셔서 감사합니다.

5. 천국의 햇살이 내리는 곳

그레이스 풀러의 목소리는 영롱했다. 청중을 사로잡았다. 맑고 정확한 음성, 세련되고 절제된 억양은 방송의 트레이드마크로 자리매김을 하였다. 특히 여러 지역에서 보내 온 편지들을 낭송할 때면 감동이 있고, 그 감동은 청아한 은혜의 물줄기가 되어 흐른다. 그레이스는 하루 동안 배달되는 청취자 편지를 관리했다. 하루 1만여 통의 편지를 분류하고, 여러 직원들과 함께 답장을 쓰고, 그 중 일부를 선정하여 방송에서 낭송했던 것이다. 그레이스는 방송에서 낭송한 편지들을 모아 책으로 묶었다. 1956년에 출판된 〈천국의 햇살〉(Heavenly Sunshine)이다. 나는 그 책을 읽으며 천국의 햇살이 내 영혼 속에 비취는 것을 경험하였다. '어두움 속에서 빛이 비치라' 고 말씀하신 하나님이 우리 마음 속에 빛을 비추셔서 그리스도의 얼굴에 나타난 하나님의 영광을 깨닫게 하셨다(고린도후서 4:6). 이 책을 소개하기 원한다.

4중창 단원들

우선 책의 서문을 읽어보자.

"방송설교 프로그램 중간에 편성되어 있는 '청취자 편지' 시간은 여러분의 시간입니다. 간증의 시간입니다. 복음을 들은 청취자들의 삶속에서 일어나는 놀라운 사건들이 풀러 사모님의 목소리를 통해 생생하게 전해졌습니다. 이 작은 책에는 우리를 감동하게 하는 아름다운 간증들이 있습니다. 편지는 소설보다 더 구체적이며 개인적인 마음의 이야기를 담고 있습니다. 이런 편지를 대할 때, 우리는 신약성경의 상당부분이 편지로 되어있다는 사실을 기억하게 됩니다. 바울이 쓴 빌레몬서처럼 지극히 개인적인 간증들, 아직도 부족한 초창기 교회의 모습들이 편지속에 드러납니다. 이런 바울의 편지 때문에 우리는 누구보다 바울을 잘 이해하게 됩니다. 이 편지를 읽으며, 청취자들을 더 잘 이해하고, 은혜를 함께 나누고 하나님의 영광을 맛볼 수 있게 되기를 빕니다."

인도에서 사역하는 젊은 여자 선교사가 부모님께 쓴 편지이다.

"안녕하세요? 저는 인도에서 사역하는 선교사입니다. 얼마 전에 의료 선교를 위해 산골에 사는 미전도 지역을 방문하였습니다. 한참동안 우거진 숲속 길을 걷다가 맑은 시내가 흐르는 것을 보고 시냇가에서 잠시 쉬면서 발을 좀 담그려고 앉았습니다. 주위에 펼쳐진 수풀은 하나님의 솜씨를 뽐내고 있었습니다. 물은 맑았습니다. 그런데, 숲 저쪽 언덕에서 잔잔한 노랫소리가 들려왔습니다. '하늘의 영광, 하늘의 영광 나의 맘속에 차고도 넘쳐 할렐루야를 힘차게 불러 영원히 주를 찬양하리' 키캄바(Kikamba)어로 찬송하는 소리였습니다. 저는 그 노랫소리를 따라 갔습니다. 염소를 치는 목동이 노래하고 있었습니다. 가까이 가보니 그는 목소리를 높여서 신나게 부르고 있었습니다. 저는 기쁨에 차 노래하는 그의 검은 얼굴과 새하얀 치아가 대조적이었습니다. 그 모습은 아직도 눈에 생생합니다. 그 소년은 선교사를 통해 복음을 듣고, 예수님을 영접하게 되었다고 했습니다. 소년은, 비가 오나 눈이 오나, 주 예수님에 대해 더 배우기 위해 주일이면 20Km를 걸어 예배드리러 간다고 했습니다."

미국 다코다 주에 사는, 청취자가 보내온 소식이다.

"풀러 목사님, 얼마 전에 선원으로 근무하는 제 아들이 아프리카를 다녀왔습니다. 아들은 아프리카의 참상을 생생하게 증언해 주었습니다. 가난과 질병으로 찌든 현지 아이들의 모습은 차마 눈뜨고 보기 어려웠다고 했습니다. 아프리카 항에 정박하던 배 주위를 서성거리며 구걸하는 아이들이 많았다고 합니다. 선원들은 아이들에게 돈을 주기 전에 노래를 부르라고 시켰답니다. 아이들은 노래를 곧잘 불렀는데, 어떤 노래를 불렀을 것 같습니까? '하늘의 영광 하늘의 영광 나의 맘속에 차고도 넘쳐 할렐루야를 힘차게 불러 영원히 주를 찬양하리' 아들 일행은 아프리카 아이들의 멋진 찬양을 듣고 깜짝 놀랐다고 했습니다. 어떻게 해서 아이들이 이 노래를 알게 되었을까요? 목사님의 방송을 듣고 배웠다고 합니다. 목사님의 메시지는 아프리카 아이들에게 천국의 햇살을 비춰주고 있습니다.

다른 편지를 보자.

"풀러 목사님, 저는 영국 상선에 근무하는 선원입니다. 저는 전 세계를 두루 다니는 배에 승선하고 있습니다. 세계 여러 나라와 항구에 도착할 때마다, 저는 '올드 패션드 리바이벌 아우어' 방송을 들을 수 있었습니다. 처음에는 고향 스코틀랜드에서 들었습니다. 룩셈부르크 방송국을 통해 들을 수 있었습니다. 아일랜드뿐만 아니라 영국 전체에서 어느 곳이든 들을 수 있었습니다. 영국만 아니라 유럽 전 지역에서도 들을 수 있었습니다. 룩셈부르크 송신소의 전송시설로 지중해까지 전파가 잡혔습니다. 이집트를 가기 위해서는 수에즈 운하를 통과해야 합니다. 거기서도 들렸습니다. 아덴 항과 홍해 바다에서도 들었습니다. 인도양을 따라 내려가면서 들을 수 있었습니다. 스리랑카에서도 잘 들렸습니다. 남아프리카에서도 잘 잡혔습니다. 태평양은 물론이고 마닐라에서는 잡음이 하나도 없었습니다. 중국의 여러 항구들 일본을 거쳐 샌프란시스코까지 오면서 계속 들을 수 있었습니다. 미국 해안으로 오니까 에콰도르 송신소에서 보내는 방송이 더 잘 들렸습니다. 그런데 1시간 방송이 너무 짧고 아쉬웠습니다. 배에서 항해를 하는 크리스천 선원들은 참 외롭습니다.

성도의 교제가 그립습니다. 다른 선원들은 영적인 것에 대해 별로 관심이 없습니다. 그래서 저는 바다에 나오면 하나님과 더욱 친밀하게 교제하며, 그를 더 의지하게 되고 주께 더 가까이 가게 됩니다. 사람들은 잠시 있다 사라질 순간적인 것들을 의지합니다. 저는 시편 기자와 같이 고백합니다. '주를 의지하는 자는 낙심하지 않으리라' 이렇게 바다에서 홀로 주님 앞에 서는 것보다 더 큰 행복은 없습니다. 저는 죄악 세상을 떠나 저 먼 바다 한 가운데 홀로 서서 거룩하신 주님을 만납니다.

근자에 두 번 롱비치 항에 기항한 적이 있습니다. 처음에 주말까지 작업을 하고, 주일에는 풀러 목사님의 말씀을 듣기 위해, 오디토리엄이 있는 장소를 확인해 두고 주일이 오기를 기다렸습니다. 목사님을 만나 뵐 것을 생각하니 가슴이 두근거렸습니다. 그런데 이게 웬일입니까! 배가 주일 오전에 출항을 하게 되다니요. 그래서 저는 목사님을 뵙지 못했습니다. 마음이 너무 아팠습니다. 그 날 파나마 운하를 향해 항해하면서 바다 위에서 목사님의 말씀을 들었습니다. 눈물이 흘렀습니다. 두 번째 롱비치 항에 갔을 때에도 항해 스케줄이 변경되어 목사님의 집회에 참석하지 못했습니다. 얼마나 마음이 아팠는지 모릅니다. 이제는 아마 제 평생에 캘리포니아에 다시 갈 가능성이 없을 것 같습니다. 저는 미국을 떠나 영국으로 돌아갑니다. 이번 항해를 마지막으로 영원히 바다를 떠나게 될 것입니다. 하지만 풀러 목사님, 제가 이 땅에서 목사님을 뵙지 못한다 할지라도 천국에서는 분명히 만나게 될 것으로 믿고 있습니다. 전 세계 바다에서 저의 목사님이 되어 주셔서 감사합니다."

아라비아에서 온 편지를 읽어보면 새롭다.

"풀러 목사님, 제가 고향에 있을 때 저와 저의 안사람은 수년 동안 목사님의 방송설교를 들었습니다. 저는 중동 건설 현장에서 일하는 건설회사 직원입니다. 한 곳에 오래 있지를 못하고, 건설 현장을 따라 자주 이동하는 편입니다. 방송을 들을 때마다 건설 현장 막사에서 생활하는 저희들이 어떻게 생활하는가를 아셨으면 좋겠다고 생각했습니다. 목사님의 방송 시간이 되면 그렇게 시끄럽던 건설 현장이 적막해집니다. 바늘 떨어지는 소리가 들릴 정도로 조용해집니다. 아름다운 찬양 그리고 하나님의 말씀은 고향을 떠나 외국 건설 현장에서 젊음을 불사르는 우리에게 얼마나 큰 위로가 되었는지 모릅니다. 한 가지 정말 감사한 것은, 제가 옮겨 다니는 각국의 건설현장 어느 곳에서든 목사님의 방송설교를 들을 수 있었다는 사실입니다. 제가 전 세계 어느 곳에 가든지 말씀으로 찾아와주셔서 감사합니다."

북극이 가까운 곳에서 보내 온 편지가 있다.

"존경하는 풀러 목사님, 감사합니다. 북극이 가까운 머나 먼 이곳까지 전파를 통해 복음의 소식을 들려주시는 것에 대해 짧게나마 감사를 표하고 싶습니다. 저는 20년 전에 하나님의 은혜로 구원을 받았습니다. 지금 저는 어선에서 고기를 잡는 선원입니다. 저는 육지에 있든 바다에 있든 목사님의 방송을 듣습니다. 찬양이 너무 좋습니다. 말씀을 들으면 저희들의 기분은 천국이 됩니다. 이곳 쉘트랜드 군도(Sheltland Islands)에는 방송 청취자들이 많습니다. 수천 마일 밖에 있지만 방송은 잡음이 없습니다. 목사님, 영혼을 구원하는 귀중한 방송사역을 계속해 주시기

부탁드립니다. 저희들은 언젠가 주님을 만나게 될 것입니다. 못 박힌 손과 찔린 옆구리를 확인하게 될 것입니다. 주님께서 그 때 목사님의 손을 잡으시며 이렇게 말씀하실 것입니다. '잘 하였도다, 착하고 충성된 종아' 북극이 가까운 이곳에서 저희들은 목사님을 위해 기도의 손을 모으고 있습니다. 북극까지 복음을 전해 주셔서 감사합니다."

죽의 장막이 드리웠던 중국에서도 놀라운 역사가 이루어졌다.

"목사님, 감사합니다. 마닐라 송신소에서 보낸 전파가 중국 내지에서도 잘 들립니다. 중국의 여러 도시에서 영어로 말씀을 들을 수 있다는 것이 얼마나 큰 축복인지 모릅니다. 며칠 전에 탈리(Tali)에서 오신 선교사님께서 두 중국 공군 장교를 만난 이야기를 해 주셨습니다. 목사님의 말씀을 듣고 감동을 받고, 한사람은 방송설교 후 초청을 따라 무릎을 꿇고 주님을 영접하였으며, 다른 한 사람은 죽어있던 신앙이 다시 살아나 주님과의 관계를 회복하고 지금 열심을 다하여 주님을 섬기고 있다고 합니다. 이곳 중국 땅에서도, 목사님의 방송설교를 듣는 사람이 많으며 하나님께서 귀하게 쓰실 것을 믿습니다."

버마(Burma) 정글에서 온 소식도 있다.

"감동입니다. 저는 오늘 밤과 같은 상황은 전혀 상상도 못했습니다. 저희 부대는 지금 정글 깊은 곳에 주둔하고 있습니다. 오늘 정글에서 라디오를 켰는데 목사님의 설교가 나왔습니다. 많이 듣던 목소리였습니다. 특별히 군인장병들을 위해 기도해 주시는 대목이 감동적이었습니다. 목사님의 말씀은 어둡고 고요한 정글의 적막함을 뚫고 퍼져나갔습니다. 강한 확신에 찬 목소리에서 힘이 느껴졌습니다. 모두들 조용히 귀를 기울였습니다. 많은 병사들이 무릎을 꿇고 기도했습니다. 목사님과 함께 병사들을 위한 기도를 드리며 우리는 얼마나 행복했는지 모릅니다. 눈물이 주르르 소리 없이 흘렀습니다. 처음으로 주님의 구속을 깨달은 병사가 많았습니다. 제가 체험했던 구원의 감격과 기쁨이 듣는 우리에게 충만했습니다. 목사님, 오늘 밤 목사님께서는 칠흑 같은 정글의 어둠 속에 있는 저희를 찾아오셔서 저희 병사들에게 한 줌의 천국 빛을 던져 주셨습니다. 감사합니다."

영국에서 온 편지를 보자.

"풀러 박사님, 저는 지난 1954년 7월 집사람을 잃었습니다. 지금은 혼자 외롭게 살고 있습니다. 다섯 자녀들은 모두 출가하여 가정을 이루고 삽니다. 집사람을 먼저 보내고 난 후, 저는 너무 외롭고 슬프게 지냅니다. 이런 저의 안타까운 기도가 응답이 되어, 지난 1955년 2월 10일 목사님의 방송설교를 듣게 되었습니다. 그리고 목사님의 설교를 들었는데 방송선교 30주년 기념집회 실황이었습니다. 저는 놀랐습니다. 지난 30년 동안, 내가 이것을 모르고 있었구나 그리고 이제라도 알았으니 얼마나 감사한가! 그래서 만나는 사람마다 방송을 들으라고 이야기하고 있습니다. 저는 63세입니다. 지금부터 저는 빠짐없이 방송을 들을 것입니다. 방송설교를 통해 제가 우리 주 예수님을 만나게 되었으니 말입니다. 감사합니다."

1955년 2월 10일, 30주년 기념예배가 있던 날, 찰스 풀러가 말했다.

"사랑하는 '부흥의 시간' 청취자 여러분, 저희 방송이 30주년을 맞았습니다. 여러분 가운데는 오래 전부터 방송을 들으신 분들도 계시고 새롭게 청취자가 되신 분도 있을 것입니다. 30년 동안 청취해 주신 분도 있을 것입니다. 지난 30년 동안, 하나님께서 얼마나 놀라운 일을 이루셨는지 모릅니다. 지난 30년은 기적의 연속이었습니다. 하나의 작은 방송국에서 시작된 방송이 지금은 수백 개로 늘어났습니다. 우리 주 예수 그리스도의 영광스러운 복음을 전할 수 있도록, 지난 30년 동안이나 지켜 주신 것은 이 험한 세상에 소망을 주기위해 하나님께서 이루신 역사입니다. 저는 타고난 설교가는 아닙니다. 그래서 쉽고 간단하게 말씀을 전할 수밖에 없었습니다. 하나님의 말씀, 성경에 충실한 말씀을 전했습니다. 성령께서 말씀의 능력을 부어 주시도록 기도했습니다. 저는 언제나 영혼을 사랑합니다. 저는 언젠가 천국에서, 하나님의 영광 가운데 어린 양의 피로 구속함을 받은 수많은 남녀 백성들을 만나게 될 것을 믿습니다. 그 중에 많은 사람들이 라디오를 들음으로 하나님께서 저들을 사랑하신다는 것을 깨닫고 그저 주시는 구원을 받은 사람들이 있을 것입니다. 그렇습니다. 이런 간증을 가진 사람들이 전 세계 모든 나라와 백성들 가운데 있을 것으로 믿습니다. 어떤 사람은 집에서 들었을 것입니다. 자동차에서 들은 사람도 있을 것입니다. 병원에서 또는 바다 위에 떠있는 배에서 들은 사람도 있을 것입니다. 교도소에서, 식당에서, 북극의 눈 덮인 곳에서, 앞을 볼 수 없는 정글에서 들은 사람도 있을 것입니다. 군대 막사에서, 건설 현장에서 들은 사람도 있을 것입니다. 하나님께서는 '부흥의 시간' 방송을 통하여 세계 많은 나라들에 있는 사람의 마음에 감동을 주셨습니다.

'저에게는 여보(Honey)가 됩니다.' 저의 안사람은 여러분께서 보내신 편지 중에서 일부를 방송할 때마다 낭독해 주었습니다. 참 감사한 일입니다. 그리고 주의 사역을 위해 음악을 담당해준 동역자들에 대해 얼마나 감사한지 모릅니다. 리랜드 그린(Leland Green)씨를 단장으로 멋진 성가대가 있습니다. 루디가 피아노를 연주하며 브로드벤트가 오르간을 담당하는 4중창단이 있습니다. 많은 분들이 편지를 보내주시면서 프로그램을 들으면서 천상의 음악과 함께 할 수 있어서 감사하다고 했습니다. 저 역시 그렇게 생각합니다. 사랑하는 청취자 여러분, 감사합니다. 이 모두를 위해서 기도해 주신 것 감사합니다. 지난 30년 동안 후원해 주신 것 감사합니다. 하나님께서 여러분 한 분 한 분에게 풍성한 축복을 내려 주시기를 소원합니다.

복음은 구원을 주시는 하나님의 능력입니다. 성경은 말합니다.

> 영접하는 자 곧 그 이름을 믿는 자들에게는 하나님의 자녀가 되는 권세를 주셨으니 **요1:12**

이것이 거저 주시는 복음의 말씀입니다. 당신은 그리스도를 영접하셨습니까? 아직 영접하지 않으셨다면 이제는 더 이상 몰랐다고 핑계할 수 없습니다. 저희들은 여러분을 위해, 세계 각국에서 믿음의 증인들을 불러 증거 했습니다. 저들의 삶을 통하여 예수 그리스도 안에 있는 구원의 능력을 분명하게 전했습니다. 미루지 마십시오. 시간이 없습니다. 여러분은 언젠가 죽을 것이 아니라 언제든 죽을 수 있습니다. 많은 사람들이 방송에서 고백한 것처럼 당신은 지금 주님을 영접하지 않겠습니까? '보라 지금은 구원의 때요 보라, 지금은 구원의 날이로다' (고린도후서

6:2) 지금 있는 그 자리에서 주님을 마음속에 영접하십시오. 그리고 영원한 천국의 기쁨을 내 것으로 삼으십시오.

6부

풀 러 신 학 교

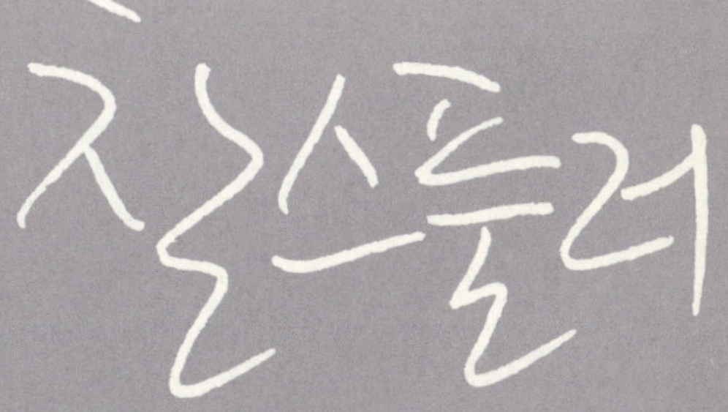

chapter 6

풀러신학교

1. 새로운 복음주의의 출현

풀러신학교의 역사는 구 복음주의인 근본주의가 새로운 복음주의로 바뀌어 가는 역사라고 할 수 있다. 풀러신학교의 역사를 객관적으로 기술할 학자로 마스던 박사가 지목되었다. 1965년 예일대학에서 역사를 전공한(Ph.D) 마스던은 학계에서 존경받는 학자이며, 칼빈대학과 트리니티 신학교, 듀크 대학의 교수로 사역했고, 현재 로테르담 대학에 제직하고 있다. 미국 근본주의 역사에 대한 권위자인 마스던(Marsden)은 학자적 양심과 자유를 가지고 풀러신학교에 관한 모든 역사적 자료들을 수집하고 분석하였다. 그는 풀러신학교를 근본주의에서 출발하였으나 구 복음주의인 근본주의의 약점을 극복한 신복음주의를 대표하는 학교로 설정하였다. 마스던은 풀러신학교가 근본주의에서 신 복음주의로 옮겨가는 힘든 과정을 상세히 기록하였다. 신복음주의는 근본주의가 가지고 있던 분리주의적 입장(separatist position)을 취하지 않는다. 학문적인 방

● 기공식에 참석한 풀러 부부

법론을 받아들인다. 풀러신학교는 신복음주의의 철학을 대변하고 학적인 지도력을 발휘하였다.

신복음주의를 주장하는 기독교 잡지 '크리스챠니티 투데이'(Christianity Today)를 설립한 빌리 그래함(Billy Graham)은 찰스 풀러와 가까운 사이이다. 한 동안 풀러신학교 이사로도 봉직하였다.

어네스트 샌딘(Ernest R. Sandeen)은 1970년에 출판한 그의 저서 〈근본주의의 뿌리들〉(The Roots of Fundamentalism)을 통하여 근본주의를 이해하는 두 개의 열쇠는 프린스턴 신학과 천년 왕국론이라고 했다. 샌딘의 지적에 의하면 프린스턴 신학은 근본주의 운동의 구조를 견고히 했으며 잘 훈련된 지도자들을 배출하였고, 천년왕국론은 근본주의 운동에 그 생명과 형태를 부여했다고 주장했다. 조지 마스던(George M. Marsden)은 그의 저서 〈근본주의와 미국 문화〉(Fundamentalism and American Culture)에서 근본주의 운동에 대한 샌딘의 논리는 당시 근본주의로 알려진 1920년대의 '전투적이며 반 현대주의적인 복음주의'(the militant, anti-modernistic evangelicalism)보다 큰 현상을 적절하게 다루는데 실패했다고 지적했다. 마스던은 근본주의를 이해하기 위해서는 근본주의가 가진 전투적이며 반 현대주의적인 현상을 이해하는 것이 우선적이라고 역설했다.

마스던은 근본주의 운동에 있어서 천년왕국론의 중요성은 인정했다. 그러나 샌딘의 주장과는 달리 근본주의 운동에 미친 다른 사회의 제반 요인들, 곧 19세기 복음주의적 개신교, 부흥운동, 개신교 문화의 퇴조, 현대주의에 대한 반대와 반감 그리고 개인의 도덕성에 대한 강조 등에 더 역점을 두었다. 샌딘과 마스던 양자 모두 근본주의 운동의 가장 중요한 교리적 기원에 관하여 프린스턴 신학을 출발점으로 언급하고 있다. 특히 근본주의 운동 발달에 기여한 것으로 성경의 영감과 권위에 대한 프린스턴 학자들의 강조를 원인으로 보고 있다고 하는 점이다. 그러나 두 사람의 관점은 상반된 것으로 샌딘은 부정적인 측면에서 그리고 마스던은 긍정적인 측면에서 근본주의를 고찰하고 있다.

이런 구 프린스턴 신학(Old Princeton Theology)의 직, 간접적인 영향을 받은 오켕게 박사는 풀러신학교를 구 프린스턴의 영광을 서부에서 살린다는 뜻을 기본 정신으로 삼고, '풀러신학교는 서부의 프린스턴' 이라는 기치를 내걸며 초대 총장에 취임하였다.

찰스 풀러는 풀러 신학대학원이 '서부의 프린스턴' 이 될 뿐 아니라 '복음주의의 칼택' 이 되기를 바랐다. 복음적이면서도 학문적인 수준이 있는 학교가 되기를 원했다. 찰스 풀러는 높은 학문성에서 풀러신학교의 존재의미를 찾으려 하였다. 그리하여 1947년 설립된 풀러 신학대학원은 미국 근본주의가 가진 호전적인 분리주의(separatism)를 거부하고 학문성을 강조하는 복음주의 학교로 자리매김을 하게 된다.

● 초대총장 오켕게 박사와 함께

근본주의 신학이 신 복음주의로 변신해 가는 과정은 세 사람의 총장을 통해 이루어졌다. 초대 총장인 오켕게(Ockenga, 1947-1955), 2대 총장인 카넬(Edward J. Carnell, 1955-1959), 그리고 허바드(David Hubbard, 1963-1993) 총장이다. 오켕게 총장은 신 복음주의라는 용어로 자신의 신학적 입장을 규명하였으나 근본주의적 성향을 가지고 있었다. 교수진들은 주로 장로교와 침례교단 출신이었으며, 전 천년설을 지지하고 성경무오설을 신봉했다. 카넬 총장이 재임하는 동안 풀러신학교는 학문적인 면에 더욱 치중하게 된다. 허바드 총장이 재임하는 동안에는 풀러신학교가 신 복음주의로 확실히 자리매김을 하게 된다. 이런 변화의 중심에는 찰프 풀러의 아들인 대니엘 풀러 교수도 중요한 역할을 하였다.

과학적 이성으로 신학을 접근하는 것은 잘못인가? 근본주의 결함을 극복하려는 신 복음주의의 특징은 무엇인가? 가장 큰 특징은 학문 연구의 강조에 있다. 초기의 근본주의 운동은 학문의 뒷받침이 부족했다. 보수 신학계는 학문적인 저조 현상에 기인하여 현대적이며 이성적인 학문을 추구하는 자유주의 신학으로 기울어지게 되었다. 보수주의 교회들은 성서대학 출신 목회자들을 받아들였고 그들은 변화하는 시대에 적절히 대응하지 못했다. 세계 대전 이후로 일반 대학교육이 대중화되었던 데도 이유가 있다. 선교와 전도 중심 대학교를 세우기 원했던 찰스 풀러의 비전도 오켕게를 비롯한 보수주의 교회 지도자들도 성서대학 수준보다 좀 더 복음적이면서 학적 수준이 높은 대학원급의 신학교 설립이 필요하다는 주장에 따라 일부 수정되었다.

풀러신학교는 처음부터 학문적인 면을 강조하였다. 1947년 10월에 풀러 신학대학원이 설립될 때, 당대를 풍미한 학자이며 목회자인 오켕게(Ockenga) 박사를 초대 총장으로 초빙하였고, 웨스트민스터 신학원 출신의 오켕게 박사는 자신의 학문적 성향에 따라 '구 프린스턴(Old Princeton)' 의 전통을 이어가길 원했던 것이다. 동시에 복음전도에 뜨거운 찰스 풀러 이사장의 열정으로 풀러 신학원은 초교파적 복음주의신학의 보루로 자리매김하게 된 것이다. 설립초기 명성이 높은 헨리, 카넬, 에버레트 해리슨(Everett Harison) 박사 등 고명한 학자들을 교수진으로 모으는 데 성공한 풀러 신학원은 설립 초기부터 놀라운 학문적 수준을 과시하였다. 이런 복음주의 신학교로는 풀러신학교와 함께 시카고의 트리니티복음주의신학교(Trinity Evangelical Divinity School)나 보스턴의 고든신학교(Gorden Divintiy School) 등을 들 수 있는데, 이들 학교들도 높은 학문적인 수준을 가진 복음주의 계통의 학교들이다.

나는 풀러신학교가 한국 신학발전에 큰 공헌을 하고 있다고 믿는다. 첫째, 높은 학문적 수준을 통해 근본주의가 가진 약점을 보완해 주기 때문이다. 둘째, 복음전도와 세계선교를 지향하는 사역자들을 길러내기 때문이다. 셋째, 심리학 대학원을 통하여 인간의 내면세계를 치유하는 심리치료를 학문적으로 정립하여 주기 때문이다. 넷째, 세계 여러 인간집단을 이해할 수 있는 세계관과 문화에 대한 관점을 제공하기 때문이다. 다섯째, 단일 문화를 극복하는 글로벌 리더십을 개발해 주기 때문이다.

2. 하나님의 음성을 들려주는 사람 ■ ■ ■ ■

윌버 스미스는 영성이 탁월한 교수였다. 그는 1949년 찰스 풀러의 사역에 대한 책을 썼다. 〈'올드 패션드 리바이벌 아우어' 창시자 찰스 풀러: 하나님의 음성〉을 저술한 것이다. 책 제목은 시사 하는 바가 크다. 그는 찰스 풀러의 설교가 하나님의 말씀인 성경에 정확히 기초하고 있으며 그의 사역을 통하여 수많은 영혼들이 구원되는 역사를 가까이서 지켜보았다고 증언했다. 사람들은 찰스 풀러의 설교를 들으며 하나님의 음성을 들었다고 믿었다. 하나님께서 찰스 풀러를 고용하셔서, 하나님의 말씀, 하나님의 음성을 들려주신 것이다. 이렇게 찰스 풀러의 삶과 음성은 하나님께 온전히 드려진 것이다. 찰스 풀러의 삶은 하나님의 음성으로 사용된 삶이다. 윌버 스미스는 이런 논지로 책을 전개하고 있다.

먼저 우리는 윌버 스미스에 대해 자세히 알아볼 필요가 있다. 그는 그 시대 최고의 성경 교사였다. 그는 무디 성경학교에서 탁월한 교수로 재직하고 있었다. 스미스에게 찰스 풀러가 물었다.

"이번에 풀러신학교를 세우려고 합니다. 총장으로 학문과 영성이 탁월한 분을 찾고 있습니다. 윌버 스미스 교수께서 초대 총장직을 맡아 주실 수 있겠습니까?"

"풀러 목사님, 과분한 말씀이십니다. 솔직히 날씨 좋고 살기 좋은 캘리포니아, 게다가 그런 귀한 직책을 맡아 주의 일을 할 수 있는 기회를 갖는다는 것은 좋은 일이지만, 저에게는 과분한 일입니다."

"저는 신학생들에게 성경을 정확하게 가르치고 싶습니다. 저는 설교자이지 교육가가 아닙니다. 교육에 대해서는 잘 모릅니다. 그래서 성경 말씀을 잘 가르치시는 교수님이 필요합니다. 스미스 교수님이 적임자이십니다."

"찰스 풀러 목사님께서 너무 유명하시기 때문에 누구든 어려워 할 것입니다. 자칫 잘못하면, 신학교가 목사님 홀로 독주하는 기관차가 될 수 있습니다. 우선 이사진을 잘 구성하시고 목사님이 떠나신 후에도 계속 존속할 수 있는 학교로 조직을 갖추어 가야 할 것입니다."

"맞는 말씀이십니다. 사실 저는 가능한 학교 경영에 대해서는 직접 관여하지 않을 생각입니다. 뒤에서 후원만 할 것입니다. 교수 선정에서부터 학사일정, 이런 모든 것은 총장과 교수진이 맡아서 할 일이므로 저는 관여할 필요가 없을 것입니다."

윌버 스미스는 메이첸(John Machen) 학파의 인물로 메이첸 박사를 흠모했다. 아버지가 D. L. 무디의 설교를 듣고 회심하였기에 무디를 존경했다. 외할아버지는 무디의 가까운 동역자였으며 후계자였던 루벤 토리(Reuben A. Torrey)였다. 부친은 무디 성경학교의 이사였다. 당시 무디 성경학교는 근본주의 신학의 요람이었다. 그는 무디 성경 학교의 정신을 소유한 교수였다. 명석한 그는 고등학교 졸업 전에 무디 성경학교에 진학했다. 그리고 우스터 대학(college of Wooster)으로 전학하여 공부했다. 졸업을 하기도 전에 장로교회의 청빙이 있어 봉사하다 1921년 목사 안수를 받았다. 메이첸의 영향으로 세대주의와 전천년설을 주장하였고, 초교파적인 복음주의자들과 가깝게 지냈다. 스미스 교수는 1947년 오켕게 총장을 만나 풀러에서 자신을 교수로 초청해 준 것에 대해 이렇게 솔직하게 말했다.

제 1회 이사회 장면

"오켕게 박사님, 제가 개인적으로 박사님께 고백할 것이 있습니다."
"무슨 말씀이십니까?"

"저는 이렇게 수준 높은 풀러신학교를 설립하는 데 아무런 도움이 될 수 없습니다. 제가 박사님께 잘못된 인상을 드린 것 같습니다만, 사실 저는 제대로 된 학위가 없습니다. 하나도 없습니다."

찰스 풀러와 교감을 나눈 오켕게 총장이 말했다.

"풀러신학교를 세우는 목적은 젊은이들을 훈련시키려는 것입니다. 설교하는 훈련, 성경을 가르치는 훈련, 사람들을 그리스도께로 인도하는 훈련 말입니다. 교수님이야말로, 젊은 신학생들에게 영감을 불어 넣어주시고, 설교자가 될 수 있도록 가르칠 수 있는 최고의 교수십니다."

찰스 풀러는 분명한 비전을 가지고 있었다. 신학교에서 무슨 교육이 어떻게 이루어져야 하는지 잘 알고 있었다. 삶으로 모범을 보여줄 교수가 무엇보다 중요하다는 사실을 잘 알고 있었다. 자신이 가지고 있던 신학교 인맥, 즉 무디 성경학교, 바이올라 대학교, 프린스턴 그리고 웨스트민스터 신학교 출신 가운데 탁월한 교수진을 선정하고 전폭적으로 지원하였다.

3. 신학 논쟁

메이첸은 정들었던 프린스턴 신학교를 떠나 웨스트민스터 신학교를 세웠다. 구 프린스턴의 전통을 이어가기 위해 성경의 무오설을 지켜나가기 위해서였다. 이런 분위기를 살려 웨스트민스터 출신의 레롤드 오켕게를 중심으로 찰스 풀러는 풀러신학교를 세웠다. 그 또한 구 프린스턴 신학을 서부에 계승하기 위해서였다. 그는 풀러신학교를 '서부의 프린스턴' 이라고 불렀다. 그리고 성경의 영감 무오설이 바르게 교육되어야 한다는 근본주의적 신념으로 가득했다. 이런 배경 때문에, 새로 임용된 풀러신학교 교수들은 학생들에게 성경의 무오성을 가르쳤다.

당시 교수진은 윌버 스미스(Wilbur Moorehead Smith), 에버렛 해리슨(Everett F. Harrison), 칼 헨리(Carl F. Henry) 그리고 해롤드 린젤(Harold Lindsell) 등 모두가 '성경 무오설' 을 주장하는 복음주의 학

자들이었다. 후에 웨스트민스터 신학교를 졸업하고 하버드 대학에서 박사학위를 받은 에드워드 카넬이 교수로 부임했다. 학생들은 카넬의 강의를 가장 좋아했다. 그는 핫지와 워필드의 견해에 충실했다. 카넬은 '성경 자체의 확실한 증거에 따르면 성경은 부분적으로나 전체적으로 객관적이며 온전하게 영감되었다' 고 주장했다. 그러므로 성경 전반에 걸쳐 오류가 없다는 것이었다. 그는 성경에 설명되지 않은 불일치가 다소 있는 것은 우리의 이해에 있어서의 문제이지 원본에는 결코 문제가 없다고 주장했다.

신학적 논쟁이 벌어졌다. 프린스턴 신학교의 방문 교수로 있던 벨라 밧사디(Vassady)가 풀러교수로 부임하였다. 그 후로 신학적 논쟁이 시작되었다. 당시 풀러신학교의 교수진들은 신앙고백서에 '성경 원본은 온전하게 영감 되었고 부분적으로나 전체적으로 오류가 없다' 는 공식적 입장을 유지했었다. 그런데 밧사디 교수는 신학적 입장이 달랐다. 이 무오설 견해에 반대하였다. 특별 위원회의 노력에도 불구하고 밧사디는 굽히지 않았다. 끝가지 성경의 무오설을 반대하였다. 밧사디는 자신의 입장과 다른 풀러신학교를 떠났다. 특별위원 중의 한 사람이었던 카넬은 성경의 원본을 연구하는 방법에 있어서 고등비평설을 받아들이지 않았다. 고등비평이란 성경을 인간의 작품 중 하나로 보고 연구하는 것으로 세속적 역사 비평학적 방법을 사용하는 것이기에 거부하였다.

카넬 교수의 입장이 변했다. 풀러신학교 학생들에게 가장 큰 영향력을 발휘하던 카넬 교수의 신학적 입장에 미묘한 변화가 생겼다. 워필드나 핫지의 신학적 입장을 정통신학의 한 입장으로 간주하게 된 것이다. 다른 말로 하자면 그들의 의견을 전적으로 수용하지 않게 된 것이다. 오히려 스코틀랜드의 신학자 제임스 오르(James Orr)의 입장을 지지하는 쪽으로 선회한 것이다. 성경의 저자는 기록된 문서를 사용하였고 잘못된 문서를 사용하기도 하였지만 그 문서에 근거해 오류 없이 사용하였다. 즉 영감이란 성서의 저자가 활용했던 자료들을 그대로 정확하게 기록했다는 사실만을 보장해줄 뿐이지 그 자료 자체가 가진 오류를 완벽하게 바로잡아 주는 것까지 보장하지는 않는다는 입장이었다. 1959년 카넬은 정통주의 신학이 학문적 발전을 위해 성경을 연구하는데 도움을 주는 비평학적 방법론도 수용해야 한다는 입장을 수용하였다. 고등비평설까지도 그것이 성경의 증언 즉 초자연적 하나님의 계시적 사건에 반대되지 않는 한 수용해야 한다고 주장했다.

논쟁이 시작되었다. 카넬의 입장 변화에 대하여 존 라이스가 반격했다. 그는 카넬이 워필드나 핫지가 주장하는 모든 성경이 동일하게 영감되었다는 것을 반대하고, 진화설에 동조하고 있으며, 전 천년설을 반대하고 있다는 점 등을 공격하였다. 이 토론에 헤롤드 린젤이 가담하였다. 린젤은 카넬을 지지하였다. '카넬 박사는 성경의 영감설을 강하게 주장했다. 그 증거로써 우리가 오류까지도 착오 없이 기록한 성경을 가지고 있다고 말하는 것이다.' 성경 무오설을 극단적으로 지지하는 린젤이 유신론적 진화론을 주장하였던 카넬을 적극적으로 방어하고 나섰던 것이다. 이런 카넬의 입장은 요즘 신학적 구분으로 보면 신복음주의적 입장이었다.

카넬의 신복음주의적인 입장은 점점 더 분명하게 드러났다. 칼 바르트가 시카고를 방문하였을 때 상당수의 젊은 복음주의 학자들이 그의 강연을 들었다. 강연 후에, 카넬은 바르트에게 '성경의 무오설에 관한 질문' 을 던졌다. 바르트는 '성경은 인간이 하나님을 향하도록 하는 참된 그리고 적합한 도구로써 무오하다' 고 답변하였다. 그리고 '성경은 시간에 묶인 인간들의 기록이라는 점에서 오류가 있을 수 있다' 고 대답했다.

풀러신학교는 신학논쟁에 휩싸였다. 풀러신학교에서도 프린스턴이 겪었던 유사한 사태를 경험하게 되었다. 찰스 풀러의 아들 다니엘 풀러는 바젤에서 오스카 쿨만의 지도를 받고 돌아온 후부터 입장을 달리했다. 전통적인 성경 무오설을 더 이상 주장하지 않았다. 또한 자신의 입장과 비슷한 동료들을 불러들이기 시작했다. 다니엘 풀러는 친구이자 바젤대학 동창생인 칼빈 스쿠노벤(Calvin Schoonhoven)이 성경 무오설(inerrancy)을 지지하지 않는다는 입장을 분명히 밝혔음에도 불고하고 풀러의 교수로 임명하였다. 1963년 풀러신학교의 신임 총장으로는 풀러 출신이며 영국에서 유학한 구약학자를 모셔왔다. 당시 미국의 근본주의자들이 주장하는 무오설(inerrancy)과는 다른 성경관인 무류성(infallibility)을 주장하던 데이빗 허바드(David A. Hubbard)를 총장으로 초청한 것이다. 그 후로 풀러신학교는 성경의 무오성 보다는 무류성을 주장하는 새로운 신앙고백문을 채택하였다. 그 내용을 공식적으로 선포하고 소책자로 출판하였다.

그날은 최악의 토요일이었다. 신학적 갈등이 고조되고 있었다. 풀러 신학교에 드디어 사건이 터졌다. 풀러 역사에 가장 숨 가쁜 드라마였던 날 벌어진 '검은 토요일(Black Saturday)' 사건이었다. 갈등이 표면화되더니 드디어 폭발한 것이다. 선지 동산 풀러신학교는 검은 먹구름에 휩싸였다. 해결의 실마리가 보이지 않았다. 짙은 구름에 덮인 칠흑 같은 어둠이 몰려왔다.

우선 실마리를 찾아야 했다. 1962년 12월 1일부터 3일까지, 교수진과 이사들은 품위 있는 호텔 헌팅턴 쉐라톤에 모였다. '풀러신학교의 향후 10년 계획을 세우기 위한 회합' 이었다. 미래를 계획하면서 가장 심각한 이슈는 새로운 총장을 선임하는 것이었다. 1962년 오켕게 박사가 캘리포니아로 이사 올 수 없다고 통고해 왔다. 다른 대안을 찾아야 했다. 이사장의 주장은 학교에 주재하는 훌륭한 총장을 세워야 한다는 것이었다.

총장이 학교 분위기를 결정한다. 어떤 총장을 세우냐에 따라 교수들의 운명이 결정되는 상황이었다. 오켕게 박사는 쥬엣 교수에게 경고하며 단호하게 선언했다. '풀러 가족들하고 관계를 확실히 정리하지 않고' 계속 그 쪽으로 바람을 넣으면' 내가 당신 교수직을 그만두게 할 수밖에 없습니다. 당신을 해고할 것입니다. 종신 교수든 아니듯 상관없어요! 몸조심하세요!' 쌍방은 팽팽하게 맞서고 있었다. 긴장감이 최고조에 달했다.

4. 풀러의 열린 복음주의

어떤 일이든 캐스팅 보트(Casting vote)를 가진 사람이 있다. 이사장 아들이며 교수인 다니엘 풀러였다. 다니엘 풀러의 역할이 중요했다. 그는 당시 3년 6개월 동안 유럽에서 유학하며 유럽학파 교수들과 지내다가 미국으로 돌아왔다. 유럽에 적응했다가 다시 미국문화에 돌아온 터이라 문화적인 혼란을 겪고 있었다. 다니엘 풀러는 성서신학과 성경해석학을 전공하였기에 성경 본문을 과학적이며 학문적으로 접근하는 학자였다. 그가 거함 풀러호의 학문적 미래에 결정적인 역할을 하게 된 것이다. 다니엘 풀러는 새로운 신학 대학원장으로 직무를 수행해야 했다. 모든 시선이 다니엘 풀러에게 쏠려 있었다. 그는 차분하고 신중한 사람이었지만 조용한 태풍의 눈이었다.

새로운 신앙고백을 작성해야만 하는가? 그날 교수들 사이에 주엣교수가 제기한 풀러신학교의 새로운 신앙고백을 작성하는 안건에 대한 의견들이 제시되었다. 헤롤드 오켕게(Ockenga)가 물었다. 보수적인 그는 단호했다.

"왜 우리에게 새로운 신앙고백이 필요합니까?"

다니엘 풀러는 솔직하고 신중했다. 이사진과 교수들 앞에서 질문을 받았다. 어려운 순간이었다.

"오켕게 박사님, 성경 원문에는 우리가 설명할 수 없는 오류들이 있습니다. 그것은 우리가 원본을 가졌다고 해서 모두 없어지는 오류가 아닙니다. 역사학적으로 설명하기 어려운 오류들입니다." 그는 정확하게 무오성 이론을 설명하였다.

"성경이 말하는 무오설은 구원에 관한 '계시적인 가르침' 에 해당되는 것입니다. 자세한 역사적 기술이나 우주론적인 이론들에 대한 모든 정보에 관한 것은 아닙니다. 여기서 중요한 것은 하나님께서 성경이 쓰인 당시의 불완전한 학문적 기준들을 수용(accommodated)하였다는 것입니다. 이런 연유로 인하여 성경은 우발적인(incidental) 오류들을 포함하고 있지만, 하나님의 계시적 목적을 이루는 데에는 아무 문제가 없습니다."

젊은 다니엘 풀러는 차분하게 자신의 학문적 입장을 설명하고 주장했다. 젊은 학자의 반박에 노련한 오켕게 박사도 당황했다. 오켕게는 솟아오르는 분노를 억누르고 품위 있게 말했다.

"음, 그렇다면 우리가 어떻게 해야 합니까? 다니엘 풀러는 지금 성경이 모두 오류로 가득 차있다고 생각한다고 주장하고 있습니다. 어떻게 생각하십니까?"

"그것은 제 말씀을 오해한 것입니다. 지극히 왜곡된 말씀이십니다."

다니엘 풀러는 설득력 있게 자신의 신학적 입장을 다시 설명했다.

"신학방법론이 중요합니다. 우리는 성경을 연구하는 역사적 방법론을 필요 없다고 판단하고 버리면 안 됩니다. 우리는 신학방법론을 신중하게 고려하고 받아들여야 합니다. 복음주의의 입장이 무엇입니까? 우리가 가진 성경관이 자유주의와 신정통주의 성경관과 어떻게 다릅니까? 워필드(B. B. Warfield)는 신앙은 경험적 증거에 따라 결정된다고 했습니다. 그러므로 성경은 당연히 가장 철저한 역사적 연구 방법론에 따라 연구되어야 합니다. 성경의 비 계시적인 문제들에는 오류들이 포함되어 있습니다. 이것은 사실입니다. 오류가 전혀 없다고 주장한다고 해서 해결될 문제가 아닙니다."

다니엘 풀러는 워필드 견해를 끝까지 주장하였다. 그는 후일 학생들에게 이렇게 가르쳤다. 성경의 저자들이 우발적인 오류를 범한 적이 있다. 그들은 역사적 그리고 과학적 내용을 성경에 기록하면서 오류를 범한 바가 있다. 하지만 성경은 구원에 관한 계시적인 말씀이다. 이 계시적 메시지 부분에 대해서는 무오하다. 우리는 이 둘을 구분할 수 있어야 한다고 주장하였다. 사실 과학적 지식은 매일 변하고 있다. 성경저자가 당시 가진 세계관과 과학지식으로 성경을 기록하였는데 지금 우리가 알고 있는 과학적 방법론으로 보면 그런 내용들이 과학적 오류가 된다. 바젤대학에서 유학을 하면서 다니엘 풀러는 높은 학문성을 갖게 되었다. 성경의 역사성에 대한 새로운 해석학을 나름대로 자기식으로 정리하게 되었다. 오스카 쿨만의 바젤학파의 실체가 드러난 토요일이었다. 다니엘 풀러의 성경 역사성과 권위에 관한 해석은 칼 바르트의 방법론과 정면으로 대치되는 것이었다. 바르트는 성경의 권위는 성령께서 증거 하시므로 어떤 역사적 방법론도 성경의 기본적인 계시적 진리에 대해서 어떤 의의를 제기해서는 안 된다는 입장을 고수했다.

학자들은 감정을 억누르며 토론을 계속했다. 에드워드 카넬이 불편한 심기를 드러내며 토론에 끼어들었다. 그는 다니엘 풀러를 공격했다. 그의 말은 유창했다. 막힘없이 계속되었다.

"성경의 진리에 대한 순수한 연역적 방어는 철학적 재앙이라고 확신합니다. 그런 입장보다는, 우리가 성경을 대할 때 성경은 하나님의 말씀이라는 전제를 가지고 성경에 접근해야만 합니다. 그런 전제가 확실 할 때에만 우리는 비로소 성경 안에 있는 우리가 해결할 수 없는 문제를 인정하게 됩니다. 다니엘 풀러 박사님, 제가 박사님보다 성경본문 내용 가운데 상호 일치하지 않은 문제를 보여주는 구절들에 관해 더 많은 자료를 가지고 있을 것입니다. 그러나 성경 내용 가운데 발견되는 불일치는 저에게 전혀 문제가 되지 않습니다. 성경이 축자적으로 영감된 하나님의 말씀이라는 것을 확실히 믿고 받아들이기만 하면 됩니다. 그러면 성경본문의 많은 문제들은 별로 중요하지 않게 여겨집니다."

아군도 있었다. 라소르(LaSor) 교수가 일어나 다니엘 풀러를 지원했다.

"우리는 누가의 기록인 사도행전에 스데반의 설교가 솔직히 역사적으로 무오하다고 주장할 수 없습니다. 특히 70인경을 참고하였다고 하지만 스데반이 창세기의 족보를 틀리게 인용하고 있다는 것을 본문을 연구해 보면 쉽게 알 수 있습니다. 그래서 스데반의 설교에 나타난 창세기 족보를 무오하다고 해석할 수 없습니다. 무조건 무오설만 주장하면 억지가 될 수 있습니다."

조지 래드(George Ladd) 교수는 성서신학자였다. 자신의 입장을 솔직하게 밝혔다.

"제가 이런 입장을 가지고 있다고 밝히면, 저의 교수직에 문제를 제기할지도 모릅니다. 하지만 성경본문에는 우리가 학문적으로 해결할 수 없는 문제가 있는 것은 사실입니다. 복음서 연구에도 나타납니다. 복음서 기자들의 기록을 서로 비교해 보면 금방 알 수 있습니다. 같은 사건에 대한 기록이 서로 일치하지 않습니다. 복음서 기자들의 기록에 불일치한 부분이 많음을 여러분도 잘 아실 것입니다. 이렇게 같은 사건에 대한 기록이 서로 다르다면 그것을 어떻게 설명합니까? 누군가에게 오류가 있는 것 아니겠습니까?"

이사장 데이비스 웨이어하우저가 다니엘 풀러의 편을 들어주었다.

“저는 성경 원본이 무오하다는 가정은 추상적인 개념이라고 생각합니다. 완전하신 하나님께서 무오한 성경을 쓰게 하시고 후대들에게는 그 무오한 성경의 원본이 무오한 그대로 전수되지 못하게 하셨다는 논리는 받아들이기 불편합니다. 그리고 우리가 사용하는 용어의 개념을 다시 정리할 필요가 있습니다. 오류(error)와 불일치(discripancies)에 대한 개념 말씀입니다. 성경이 쓰였던 시대에 학적기준은 지금과 다릅니다. 학적기준이 지금과 달리 철저하지 않아서 내용에 불일치가 있고 오류가 있는 것이 사실입니다. 그렇다면 다니엘 풀러가 지적한 바와 같이 성경에 우발적인 오류가 있다는 것에 동의합니다.”

토론은 열기를 더해 갔다. 카넬 박사 편에서 다시 해롤드 린젤, 글리슨 아처 그리고 브롬리(G. W. Bromiley)가 합세하였다. 결국 그 토요일 밤은 이러한 논쟁으로 일관되었고 암울한 풀러 역사의 한 면을 장식하였다. 이 사건은 당시 복음주의 안에 흐르는 세 가지 기류를 드러내 보여주었다. 첫째는 오켕게나 린젤과 같은 근본주의 입장에서 성경 무오성을 주장하는 입장이었다. 둘째는 카넬과 같이 성경 무오성을 주장하고 비평의 적용을 받아들이면서도 하나님의 말씀으로써의 성경을 수용하는 입장이었다. 세 번째는 다니엘 풀러와 같이 성경의 제한적 무오성을 주장하는 것이었다. 즉 성경의 무오성이란 구원의 계시에 관한 부분만이 무오하고 다른 역사 과학적 정보에 있어서는 오류를 솔직하게 인정하자는 입장이었다.

최악의 토요일은 이글거리며 깊어갔다. 다니엘 풀러는 끓는 기름에 불을 댕겼다. 그날 성경의 무오성에 관한 이슈는 모두에게 뜨거운 감자였다. 풀러신학교 교수들이 논의한 성경의 무오성은 성경 자체만의 문제가 아니었다. 학문적인 토론만도 아니었다. 정치적 문제였다. 개인적인 문제임과 동시에 교리적인 문제였다. 풀러신학교의 미래를 결정하는 문제였다. 총장선임과 직결된 문제였기 때문이었다.

다니엘 풀러는 전형적인 학자이다. 그는 정치를 몰랐다. 정치적인 면을 전혀 고려하지 않았다. 어떤 특정 신학에 메이지도 않았다. 높은 경지에 이른 그의 학문은 성경 원어를 연구하고 분석한 해석학에 근거한 입장이었다. 그는 성서신학에 전적으로 헌신하였다. 본문을 원어로 읽고 해석하는 일에 정진하여 일가를 이루었다. 그는 성경을 해석함에 있어서 무엇보다 성경이 쓰인 당시의 상황과 원저자의 의도를 정확하게 파악하고 본문을 해석하는 것이 중요하다고 강조한다. 원저자의 의도를 알기 위해서 연구방법론이 필요하다. 그러므로 성서 신학적 방법론을 사용해야 한다는 것이다. 그리고 성경 전체의 맥락에서 성경을 해석해야만 한다. 즉 신학적 입장을 가지고 성경 본문을 대하는 것보다 성경 자체로 성경을 해석해야 한다는 해석학적 입장을 고수하였다. 역사적으로 발전된 전통적인 신학체계보다는 성서신학을 강조하였다.(마태복음 7:13) 오직 믿음으로 말씀에 순종해야 한다는 것(로마서 1:5)을 강조했다.

찰스 풀러는 고심했다. 문제의 핵심에 아들 다니엘 풀러가 있었기 때문이었다. 자신의 아들이 근본주의자인 자신과 다른 성서 신학적 입장을 가지고 있다는 사실이 알려지기 시작하면 어떻게 될 것인가? 학문적 이

해가 부족한 당시 풍토를 감안할 때에 걷잡을 수 없는 소용돌이가 일어나게 될 것이 분명했다. 찰스 풀러는 여러 정황을 생각하며 염려했다. 다니엘 풀러의 입장이 널리 알려지면 투쟁적인 성향의 근본주의자들 가운데 적대적인 사람들이 늘어나게 될 것이다. 말을 만들어 내기 좋아하는 사람들은 많은 흉한 소문들을 만들어 낼 것이다. 현실적으로 방송 청취자의 후원에 의존하는 그의 방송 선교에는 직격탄이 될 것이다. 막대한 영향이 있을 터인데 어떻게 할 것인가. 수심이 깊어졌다. 사랑하는 독자 아들이 두 번째 박사 학위를 마치고 돌아왔지만 그의 마음은 착잡하고 무거웠다.

풀러는 지혜로운 사람이다. 이런 위기 상황에서 찰스 풀러는 어떻게 처신해야 한다는 것을 잘 알고 있었다. 자신은 학자가 아니기 때문에 학자들의 학문적 토론에는 끼어들지 않는 것이 이사장의 역할이라고 확신했다. 이것은 오랫동안 바이올라 대학 이사장 경험이 가르쳐준 지혜였다. 학문적 입장에 관한한 교수들은 누구의 말도 듣지 않는다. 교수들은 이사장의 말에도 자신의 학문적 입장을 굽히지 않는다는 것을 잘 알고 있었다. 찰스 풀러는 교수들에게 학문적 평가를 내리기보다 가능한 최대한의 학문적 자유를 보장해 주기를 원했다. 이것은 아들 다니엘 풀러에 대한 배려이기도 했다. 아들이기 때문에 학문적 입장까지도 꼭 아버지를 따라야 한다거나 근본주의 신학적 틀을 고집해야만 한다고 주장하지도 않았다. 학문적 입장에 대해서는 학자들이 서로 토론해 가면서 새로운 장을 열어갈 수 있기를 바랐던 것이다. 찰스 풀러가 견지한 이런 이사장의 자세는 지금까지도 풀러 교수진들로부터 찬사와 지지를 받고 있다.

이런 입장을 학문적으로 '열린 보수주의' 혹은 '열린 복음주의'라 부르기도 한다.

5. 복음 전도의 우선순위

"무슨 일에든 우선순위가 있다. 이 시대에 가장 필요한 것은 무엇이며 어떻게 그 필요를 충족시킬 수 있을 것인가? 가장 필요한 일은 성령의 능력으로 충만한 사람, 하나님의 말씀에 부요한 사람을 세상으로 내 보내는 것이다." 1948년 10월 28일, 찰스 풀러는 힘주어 말했다. 영혼을 사랑하는 뜨거운 마음이 묻어나는 말씀이었다.

이사장 찰스 풀러가 처음으로 풀러신학교 채플 시간에 설교를 했다. 학교 일에 있어서, 전면에 전혀 나서지 않던 그는 학생들에게 지금 우리가 살고 있는 이때가 바로 종말론적 시간이라고 했다.

"이 시대에는 머리에 지식만 가득 들어 있는 사람만으로는 안 된다. 말씀에 훈련된 사람이 필요하다. 30여년을 현장에서 사역한 경험을 바탕으로, 그리스도의 참된 증인이 되기 위해서는, 성령에 충만한 사람, 성령의 인도함을 받는 사람, 성령의 능력을 받은 사람이 되어야 한다."고 강조했다. "성령으로 깨끗함을 받은 사람이 되어야 한다."고 말하면서 그는 레위기 14장을 본문으로 정결법에 관한 내용을 강조하였다. 그는 구약의 말씀을 신약의 예표로 보고, 예수님과 연결하여 설교하기를 좋아하였다.

초창기 풀러신학교에는 크게 두 가지 조류가 있었다. 첫째는 변증적인 학문을 강조하는 상아탑 전통이었다. 학구파가 주종을 이루었다. 둘째는 영성이 탁월한 선교사들 훈련하는 선교와 전도 훈련본부로써의 흐름이었다. 선교파가 주종을 이루었다. 신학교 초기에는 찰스 풀러의 라디오 사역을 통해서 신학교에 들어 온 학생들이 많았기 때문에 대부분의 학생들은 좋은 선교사로 훈련되기를 원했다. 졸업생의 20~40% 정도가 해외 선교사로 파송되어 전 세계에서 다양한 방법으로 선교하게 되었다. 찰스 풀러는 이것을 성공의 잣대로 생각하고 무척 자랑스럽게 생각했다. 풀러신학교를 통하여 아버지 헨리 풀러가 가장 원했던 선교사 훈련, 파송 그리고 후원사역을 잘 감당할 수 있어서 기뻐했다.

● 풀러신학교 총장 마우박사

초기에 선교과목(missions)를 가르치던 교수는 린젤(Lindsell)이었다. 그는 1949년 강의안을 중심으로 〈기독교 선교 철학(Christian Philosophy of Missions)〉을 책으로 출간했다. 린젤은 당대를 대표하는 복음주의 학자로서 위기를 맞은 세상에 필요한 선교적 질문들을 중요한 이슈로 다루었다. 기독교 선교에 위기감을 조장하는 세력으로 몇 가지 이데올로기를 지적했다. 세속주의, 공산주의, 가톨릭을 꼽았다. 당시 근본주의자들은 가톨릭을 기독교 선교의 적으로 보았다. 린젤은 교회 안에서 현대주의 형태로 등장하는 세속주의를 가장 위험한 세력으로 보았다. 교회 내부에 존재하는 현대주의는 기독교 복음의 유일성에 대한 질문을 제기함으로 선교의 근본을 파괴하기 때문이었다.

"진정한 선교는 예수 그리스도의 대속적인 죽음을 통한 구원의 메시지와 모든 성경을 정확 무오한 하나님의 말씀으로 믿는 믿음에서 출발한다. 모든 신자들은 그리스도 없이는 구원이 없으며, 영원한 지옥의 형벌을 면치 못한다는 성경의 가르침을 확실하게 전해야만 한다."

이런 신학적 입장이 선교를 사랑을 표현하는 최고의 방법으로 만들었다. 그는 감당할 수 없는 열정으로 선교에 불을 붙였다.

마스던은 복음주의의 특징에 주목한다. 미국 복음주의의 가장 큰 특징은 복음적인 교회론에 있다. 교회의 근본 목적은 그리스도의 복음으로 개인들을 전도하여 교회 안으로 불러오는 것이다. 교회의 복음적 사명이 우선이다. 이런 구원사역의 열매로 사회봉사나 선행과 구제가 동반하는 것으로 보았다.

교회는 복음 전도를 위한 하나님의 기관이다. 전도를 통해 교회 안으로 들어 온 사람들을 훈련하고 키워서 지상 명령의 두 번째 부분(마태복음 28:19-20)을 이루게 하는 것이다. 그리스도께서 가르치신 모든 것을 가르쳐 지키게 하는 것이다. 이런 관점에서 풀러신학교는 처음부터 복음 전도와 선교의 훈련본부로 출발했다.

빌 브라이트는 전도자였다. 그는 1947년 1기로 풀러신학교 학생이 되었다. 그는 복음 전도에 대한 열정으로 뜨겁게 타오르고 있었다. 세계를 복음화해야 한다는 열정을 삶의 목적으로 삼았다. 그는 친구들과 함께 전도를 시작했다. 대학 캠퍼스를 찾아다니며 복음을 증거 했다. UCLA 총학생회장을 전도하여 대학생 전도에 탁월한 모델을 보여주었다. 빌 브라이트는 윌버 스미스(Wilbur Smith) 교수의 제안을 받아들여 그의 단체를 CCC (Campus Crusade for Christ)라 불렀다. 전도의 열기가 더해 가면서, 그는 신학공부보다 전임 사역자로 전도하는 것이 더 긴박한 일이라고 생각했다. 1951년, 빌 브라이트는 이제 신학은 배울 만큼 배웠다며 히브리어 단어장을 집어 던지고 캠퍼스 사역에 매진했다. 빌 브라이트의 가까운 친구였던 다니엘 풀러는 학자적인 성향의 사람이었지만 빌 브라이트의 사역을 여러 가지로 도와주었다. 친구를 따라 다니면서 CCC 간사가 되어 UCLA에서 전도했다. 다니엘 풀러도 아버지 찰스 풀러의 영향으로 전도를 최상의 소명으로 받아들였다.

찰스 풀러는 풀러신학교를 '복음주의 세계의 칼텍(Cal Tech)' 이라고 부르기 좋아했다. 풀러신학교가 칼텍과 같은 역할을 하기 원했다. '캘리포니아 과학기술대학(Cal Tech)' 이 과학의 진보에 크게 공헌하는 것처럼 풀러신학교는 복음의 진보에 크게 공헌하는 학교가 되기를 원했던 것이다. 이것은 오켕게 박사가 풀러를 '구 프린스턴(Old Princeton)' 으로 규정하고 웨스트민스터 신학교와 같은 신학노선을 지향한 것과 대조를 이룬다. 찰스 풀러는 실천적인 사람이었다. 그래서 신학적인 논쟁에 대해서는 관심이 없었다. 오로지 복음을 전하는 일에 집중하였기 때문에 다양한 신학적 전통이나 신학의 발전과정에 대해 관심을 쏟을 시간이 없었다. 그는 신학적인 문제들은 유능한 신학자들에게 맡기고 오직 예수 그리스도의 십자가에 죽으심, 부활, 대속적 은혜, 하나님 나라와 천국에 대한 복음전도에 모든 관심을 집중하였다.

역사학자인 마스던은 풀러의 역사를 이렇게 기술했다.

"풀러신학교는 적어도 드와이트 무디(D. L. Moody) 이후로 계속된 미국 복음주의의 중심 사상에 충실하였다. 물론 학문성과 사회 의식적인 면에 대한 관심을 가지면서 복음주의의 지평을 넓혀갔지만, 복음전도를 최상의 소명으로 유지하였다. 이런 점에서 풀러신학교는 미국 복음주의 정신에 충실한 학교이다."

허바드 총장의 공헌이 컸다. 35세의 젊은 총장이 되어 30년 동안 재임하면서 풀러를 세계적인 학교가 되게 했다. 허바드 총장이 은퇴하는 졸업식에서 찬송이 울러 퍼졌다. 그날 찰스 풀러의 아들인 다니엘 풀러도 교수직에서 은퇴했다. 성가대원들이 목소리 높여 찬송했다. 그 자리에서 나는 풀러정신을 재확인하였다.

'기쁜 소식 들리니 예수 구원하신다 만민에게 전하라 예수 구원하신다'

이 찬송은 찰스 풀러의 라디오 방송으로부터 시작하여 전 세계로 퍼져 나갔으며 풀러신학교의 특성을 보여주는 풀러신학교 교가와 같다. 하나님의 뜻과 설립자의 비전에 따라 풀러신학교는 처음부터 예수의 복음을 전하기 위한 전도학교로 세워진 것이다.

● 풀러신학교 전경

6. 휘튼 대학의 전통

훌륭한 복음전도자인 빌리 그래함이 풀러신학교의 재단이사가 된 것은 기쁜 일이었다. 카넬 총장이 재임하던 때였다. 1956년 봄, 빌리 그래함은 샌프란시스코에서 전도 집회를 열고 있었다. 찰스 풀러가 빌리 그래함이 집회하고 있는 곳을 찾았다. 저녁 집회에 두 사람이 자리를 같이 했다. 찰스 풀러가 빌리 그래함에게 제안했다.

"빌리 그래함 목사님, 우리가 함께 복음전도를 위해 힘을 모아야 할 터인데, 어떻게 생각하십니까? 제 생각에는 빌리 그래함 목사께서 풀러신학교 재단이사로 와 주시면 좋겠습니다."

"제가 찰스 풀러 목사님과 함께 일한다면, 저로서는 영광이지요! 좋습니다. 그렇게 하겠습니다."

빌리 그래함은 풀러신학교의 좋은 소문을 알고 있었다. 개인적으로 풀러신학교 졸업생들이 아주 훌륭하게 사역하며 복음전도에 효과적인 것을 인상적으로 생각하고 있었다. 그는 풀러신학교의 학적인 면을 높이 평가함과 동시에 영혼을 향한 뜨거운 열정에 감동하고 있었다. 그는 풀러를 '불타는 지성(scholarship on fire)' 으로 평가하고 있었다. 빌리 그래함은 당시에, 풀러신학교와 학생들을 위해 자신이 무언가 도와야 한다는 일종의 사명감을 느꼈다고 했다. 찰스 풀러는 젊은 빌리 그래함에 대해 좋은 인상을 가지고 있었다. "그는 하나님께서 쓰시는 인물이며, 수많은 영혼들을 주께로 인도하는 능력 있는 전도자이다. 그가 풀러신학교와 학생들을 위해서 해 줄 수 있는 일이 너무도 많다"는 생각을 했다. 이런 과정을 거쳐서 빌리 그래함 목사는 풀러 재단이사가 되었다.

풀러신학교는 구 프린스턴의 전통에 서 있었다. 무엇보다 초대 오켕게 총장의 모교인 웨스트민스터 신학교와 신학적인 맥을 같이하여 출발했다. 웨스트민스터 신학교와 다른 특별한 점도 있었다. 휘튼 대학(Wheaton College)의 학문적 전통과 연관되어 있다는 점이었다. 1930년대의 휘튼 대학은 부스웰(Buswell) 총장의 리더십을 중심으로 '이 시대에 하나님의 나라를 확장하자' 는 정신으로 뭉쳤다. 복음과 학문에 대한 헌신도가 가장 높은 대학으로 눈부신 발전을 하고 있었다. 전국에서 수준 높은 인재들이 몰려왔다. 이런 휘튼의 학풍은 당시 복음주의자들이 가진 시대정신을 반영한 것이었다. 다음 세대를 위한 복음주의 지도자들이 휘튼에서 훈련을 받게 되었다.

휘튼대학 교수들은 탁월했다. 영성과 지성을 갖춘 젊은 지도자들이 그리스도와 그의 나라를 위해 시대적 사명을 감당해야 한다는 것을 강조했다. 풀러신학교는 휘튼 교수들을 대거 영입했다. 휘튼에서 가르치던 교수들이 초창기 풀러신학교 교수가 되었다는 것은 무엇을 의미하는가? 휘튼의 학문적 전통이 휘튼 출신의 여러 교수들을 통하여 풀러신학교로 옮겨지게 되었다는 것을 의미한다. 그 때 풀러신학교의 형성에 결정적 영향을 미친 휘튼 대학 교수출신들이 많다. 초창기 교수진들 가운데 휘튼 출신들이 절반 정도를 차지했다는 것을 알고 나면 설명이 쉬워진다. 그 중 일부를 언급하면 칼 헨리(Carl Henry), 헤롤드 린젤(Herold Lindsell), 에드워드 카넬(Edward Carnell), 풀 주엣(Paul Jewett), 라스 그랜버그(Lars Granberg), 블렌 바커(Blen Barker), 빌리 그래함(Billy Graham) 그리고 레베카 프라이스(Rebecca Price)를 들 수 있다. 역사학자인 마스던은 풀러신학교의 역사를 기술하면서, 휘튼 컨넥션(Wheaton Connection)에 대하여 보다 자세한 설명을 하고 있다.[5]

5) George M. Marsden, Reforming Fundamentalism: Fuller Seminary and the New Evangelicalism, Grand Rapids, Michigan: Eerdmans Publishing, 1995. p.45,46.

7부

미래를 향한 **하나님의 계획**

01 다니엘 풀러 · 02 마지막 남은 한 영혼을 위하여 · 03 영원한 아침에 만나요 · 04 후이즈 닥터 풀러 · 05 하나님께서 사용하신 그릇

찰스 풀러

chapter 7

미래를 향한 하나님의 계획

1. 다니엘 풀러

다니엘 풀러는 해군 출신이다. 버클리 대학을 졸업한 후 그는 해군 장교로 함상에서 근무했다. 그는 대학에서 해군 학군단 교육을 받았다. 당시 미국은 일본본토를 점령하기 위해 적어도 100만 명의 군인이 희생해야 한다는 계산을 하고 있었다. 그래서 대부분의 대학생들을 장교로 양성하였다. LA Times 같은 일간지에는 매일 500명 이상의 전사자 명단이 실려 있었다. 다니엘은 해군 소위 임관을 했다. 해군에 근무하며 전장으로 배치되기 직전에 일본에 원폭이 떨어졌다. 지긋지긋 했던 전쟁이 끝났다는 소식을 듣게 되었다. 1946년 다니엘은 전쟁이 끝난 태평양 지역에서 전투군인들을 본국으로 철수시키는 해군 수송 작전에 참여하게 되었다. 전함의 모든 일들이 순조롭게 되어가고 있었다. 그는 전함 조타실에서 상관과 함께 자정부터 새벽 4시까지 당직근무를 했다. 심야에 항해하는 바다는 지루했다. 고요한 바다는 침묵하고 있었다. 무언가 해야 했다. 무료함을 달래기 위해, 자지 않고 깨어있기 위해, 야간 당직자들은 여러 개인적인 이야기들을 하였다. 이런 시간은 개인 전도의 좋은 기회였다.

● 다니엘 풀러 교수

다니엘 풀러는 트로트맨의 초기 제자였다. 다니엘은 고등학교 때부터 네비게이토 회원이었다. 아버지 찰스 풀러의 지원을 받던 도슨 트로트맨은 다니엘 풀러를 특별히 배려했다. 고등학생이었지만 그의 개인적인 애제자로 양육시켰다. 그리하여 다니엘 풀러는 철저한 네비게이토 멤버가 되었다. 적어도 수 백구절의 성경을 암송할 수 있었다. 8순이 넘은 지금도 그 때 배운 성경구절을 암송하며 네비게이토 방법론에 대해 찬사를 아끼지 않는다.

도슨 트로트맨은 다른 사람에게 전도하는 데 적극적이 되어야 한다고 가르쳤다. 전도할 때, 죄 용서에 대한 부분을 확실하게 해 주고, 그리스도를 구세주로 영접하도록 전도하는 방법을 숙지시켰다. 심야시간 조타실에서 근무하면서 다니엘은 상급 장교에게 예수님을 전했다. 그리스도를 영접하게 했다. 상급 장교는 다니엘의 전도를 통해 신앙을 받아들였으며 성경을 읽기 시작했고 더 깊이 알기 원했다.

"다니엘, 자네 덕분으로 이제 예수님을 영접했으니, 이제부터 성경을 더 깊이 공부했으면 좋겠네. 지금부터 성경 전체 내용에 대해 빠짐없이 잘 가르쳐 주게."

"좋습니다."

이렇게 해서 성경공부를 시작했다. 그러나 오래가지 못했다. 다니엘은 성경 전체에 대한 안목이 아직 부족했기 때문이었다. 좋은 기회를 잡지 못했다. 이 사건으로 다니엘은 큰 충격을 받았다. 자신이 성경 전체에 대한 안목이 아주 부족하다는 것을 확실히 알게 되었다. 그는 사도 바울이 3년 동안 밤낮으로, 거리낌 없이 하나님 뜻을 모두 전한 것처럼(사도행전 20:27), 성경을 바로 알고 가르치고 싶은 마음뿐이었다. 그래서 이 이후로 그의 학문 세계는 성서학과 성경해석학에 집중하였다. 다니엘 풀러는 1957년, 북침례 신학대학에서 구약학 연구로 박사학위를 받았다. 1962년, 스위스 바젤대학에서 신약학 연구로 두 번째 박사학위를 받고 풀러신학교에서 성서학과 해석학을 강의하였다. 풀러신학교에서 조지 래드(Ladd)와 함께 연구하면서, '교회와 하나님 나라의 관계' 와 예수님께서 전파하셨던 '천국복음(마태복음 24:14)' 과 예수님께서 승천하신 후 바울이 전파했던 '하나님의 은혜의 복음(사도행전 20:24)' 이 동일한 것임을 깨닫게 되었다. 그는 구약과 신학의 관계를 깊이 있게 연구하면서 1965년부터 '성경의 일관성(the unity of the Bible)' 을 학생들에게 강의하기 시작했다. 귀납적인 논리로 진행된 그의 성경 연구는 1992년 〈성경의 일관성〉이라는 책으로 출판되었다.[6] 이 책은 성경에 나타난 하나님의 목적에 대한 탁월한 통찰력을 제공한다. 왜 하나님은 인간을 만드셔서 이 땅에 살게 하셨을까? 온전한 인생이 되기 위해 해야 할 일은 무엇인가? 전능하고 사랑이신 하나님이 왜 수많은 인생을 죄악 가운데 놓아두시는가? 이런 질문들에 대해 성경본문을 중심으로 풀어나가고 있다. 성

6) Daniel P. Fuller, The Unity of The Bible. Grand Rapids Michigan: Zondervan. 1992. 그의 다른 학문적 저술로는 "Easter Faith and History," "Gospel and Law" 등이 있다.

경의 일관성은 그가 바젤대학에 있을 때 연구한 주제이다. 오스카 쿨만(Oscar Cullmann) 교수가 성서신학의 일부로 가르친 내용인데, 헬라적 시간관이 아닌 구속사적인 시간관을 중심으로 성경의 일관성을 정리하도록 격려하여 이루어진 것이다. 이렇게 해서, 해군에 같이 근무했던 처음 믿은 선배장교에게 성경 전체를 일관성 있게 전해 주고 싶었던 마음의 부채를 46년이 지난 후에야 갚을 수 있게 되었다.

다니엘 풀러 교수는 평생 동안 성경연구에 귀납적인 방법론을 고수했다. 그는 해리슨(Harrison) 교수의 지도하에 '마가복음에 대한 귀납법적 연구'로 석사(Th. M.) 학위를 마쳤다. 1952년 동기생이며 친구였던 빌 브라이트와 함께 대학생 선교회 간사로 남가주대학(USC)을 책임 맡고 전도하면서 좋은 설교자가 되기 위해 노력했다. 그러나 그가 맡은 캠퍼스 학생들은 복음에 대해 관심을 기울이지 않았다. 반응이 냉담했다. 친구 빌 브라이트가 사역하는 UCLA 캠퍼스에는 부흥의 불길이 일어나고 있는데 반해 USC는 냉담했다. 다니엘은 위기의식을 느꼈다. 영적 갈등을 느끼며 좌절감에 절망했다.

1952년 11월, 해롤드 린젤(Harold Lindsell) 교수가 다니엘 풀러에게 전화를 걸어왔다.

"다니엘, 로디(Roddy) 박사가 심장마비로 입원하여 강의를 계속할 수 없게 되었네. 다니엘이 '마가복음에 대한 귀납법적 연구'로 논문을 썼으니, 이번 학기 마가복음 강의를 맡아주어야겠는데 어떻게 하겠나?"

"네 교수님, 다른 마땅한 분이 없다면, 제가 성심껏 가르쳐 보겠습니다.”

이렇게 대타로 다니엘 풀러의 신학교 강의가 시작되었다. 그는 타고난 교수였다. 다니엘 풀러가 가진 교수로의 소명이 확인되었다. 전혀 예상하지 않았던 1953년 졸업생 만찬에서 보다 확실해졌다. 졸업 파티에 참석한 졸업생들에게 물었다. 지난 3년 동안의 학교생활 가운데 어떤 강의가 제일 도움이 되었는지 물었다. 그 때 여러 학생들이 이구동성으로 말했다.

“다니엘 풀러 교수님의 지도하에 마가복음을 귀납법적 방법으로 연구한 것이 제가 신학교 공부 3년 동안에 한 연구 중 최고였습니다. 큰 보람을 느끼면서 정말 많은 것을 배울 수 있었습니다.”

당시 다니엘 풀러는 약간 우울증 증세를 보이고 있었다. 친구 빌 브라이트와 같이 CCC 간사로 사역하고 있는데 대학생 전도에 열매가 없었기 때문이다. 전도효과가 없어 고민하던 다니엘에게 학생들의 이런 평가는 전혀 예상치 못한 것이었다. 학자적 은사가 확인되는 순간이었다. 린젤 박사는 다니엘에게 교수사역에 은사가 있음을 지적하였다. 교수사역을 하려면 박사학위가 필요했다. 박사학위를 취득하기 위하여 시카고에 있는 북침례 신학대학에서 구약학 박사 학위를 취득할 것을 권면하였다. 다니엘 풀러는 린젤 교수의 의견을 수용했다. 아버지 찰스 풀러도 좋아하셨다. 북침례 신학대학에 가서 콜러(Koller) 총장의 지도로 성경 해석학에 대한 눈을 뜨게 되었다. ‘세대주의의 해석학(The Hermeneutics of Dispensationalism)’ 연구로 신학박사 학위를 마치게 되었다. 당시에는 스위스에 있는 바젤대학(Basel)이 성서해석학으로 가장 유명하였다. 다니엘은 바젤대학의 초청을 받았다. 1959년 바젤에서 두 번째 박사학위를

● 풀러신학교 알림석

시작하게 되었다. 아버지 찰스 풀러가 기꺼이 후원해 주셨다. 바젤에 있는 동안 다니엘은 부활신앙에 대한 성서신학을 정립하는 논문을 쓰고 싶어 했다. 그런데 지도 교수는 반대했다.

"교수님, 제가 이곳까지 와서 공부하는 것은, 제가 연구하고 싶은 주제를 연구하고 싶어서입니다. 제가 원하지 않는 의미 없는 주제를 공부하는 것보다, 저는 부활을 성경적으로 증명하는 연구를 하고 싶습니다."

"자네가 그렇게 원한다면, 그렇게 하게. 그러나 그것은 자네의 무덤이 될 것이야. 학문적으로 거의 불가능한 작업인데, 꼭 하려는가? 그렇다면, 3주 후에 연구 개요를 만들어 오게."

다니엘은 역사적으로 신뢰도가 높은 자료들을 사용하여 부활을 증명해 보이려는 어려운 학문적 작업에 도전했다. 그 결과 부활에 대한 확실한 성경적 근거를 체계화하였다. 그 연구는 〈부활의 신앙과 역사〉라는 제목으로 출간을 하게 되었다. 무엇보다 철저한 역사적 방법론을 사용하여 논리를 전개했다. 그는 예리한 학문적 질문을 던졌다. 사도행전에서 바울이 돼지고기를 먹는 것을 어떻게 해석할 것인가? 열심당원이었던 바울은 초대교회 교인들이 돼지고기를 먹었기 때문에 그들을 죽여 버리려고 했었다. 그런 바울이 왜 변했는가? 다니엘 풀러는 이러한 주제들을 다메섹에서 만난 부활의 주님과 이방인의 사도가 되는 바울을 연관시켰다. 일반적으로 부활을 뒷받침한다고 생각하는 복음서를 바탕으로 부활이론을 다루는 것이 아니라 사도행전 본문들을 통해 부활을 증명하는 방대한 작업을 하였다. 다니엘 풀러는 부활신학에 대해 탁월한 학문적 업적을 이루었다.

풀러신학교 교수들 가운데 가장 유명한 교수는 웨스트민스터 신학원과 하버드 대학 박사 출신의 카넬(Carnell) 교수였다. 그는 주장했다. "믿음은 확실한 증거들에 근거해야만 한다." "신학적 결론은 모든 인류가 함께 인정하는 일반적 근거로부터 출발하여 도출되어야만 한다." "성경적 해석학은 신학적인 출발점에서 시작해서는 안 된다." 이런 학문적 입장은 지성을 추구하는 젊은이들에게 강한 도전이 되었다. 다니엘은 이점을 중요하게 인식했다. 풀러신학교에서 다니엘 풀러는 카넬의 학문적 입장을 따르는 학문작업을 계속하였다.

다니엘 풀러의 성서해석학은 독특하다. 예일대학의 허치(Hirsch)교수의 이론을 기본으로 삼고 있다. 그는 어느 특정한 구술언어가 가진 원래의 의미가 문화적 차이를 극복하고 어떻게 다른 사람에게 전달될 수 있는가에 대한 주제를 다루는 철학적 탐구에 있어서, 허치(Hirsch)의 '해석의 타당성(Validity in Interpretation)'을 최고봉으로 본다.[7] 이것은 성경처럼 확실한, 저자가 의도했던 원래의 의미가 텍스트 안에 있다는 입장이기에 텍스트 자체를 부인하는 포스트모던 시대에는 별로 인정해 주지 않는 이론이 되고 말았다. 이것은 참으로 안타까운 일이다.

다니엘 풀러의 해석학에 큰 영향을 미친 다른 학자로 몰티머 애들러(Mortimer J. Adler)를 들 수 있다. 애들러는 책을 읽는 방법과 이해하는 것에 대해 학문적 접근을 시도하였다. 그 과정은 복잡하다. 다니엘 풀러는 다른 문화권에 있는 독자가 어떻게 자신과 다른 문화권에서 쓰인 책을 읽고 이해할 것인가를 설명한 애들러를 잘 이해하였다. 다니엘 풀러는 그의 입장을 반영하여 자신의 해석학을 집대성하였다.[8]

다니엘 풀러는 총장자리에 연연하지 않았다. 자신의 은사가 행정이 아니라 학자임을 일찍부터 확실하게 수용하고 자신의 위치에서 최선을 다했다. 나와 인터뷰하는 오랜 시간 동안에도 성경에 대한 학문적인 토론과 복음전도가 주된 이야기였다. 그는 진정한 학자의 모델을 보여주고 있다.

---

7) E. D. Hirsch, Lr., Validity in Interpretation (New Haven: Yale University Press, 1967)
8) Mortimer J. Adler, How to Read a Book: The Art of Getting a Liberal Education(1940) New York, Simon and Schuster, Inc.

마지막 영혼을 찾아야 한다. 1957년, 롱비치 오디토리움은 뜨거운 열기로 가득했다. 찰스 풀러는 선교적 도전을 했다. 세계 선교를 위하여 다양한 문화권에서 효과적으로 사역할 일꾼이 필요하다고 했다. 그들을 훈련할 수 있는 전문 선교 대학원이 필요하다고 생각했다. 그의 목소리에는 뜨거운 열정과 눈물이 함께 녹아있었다. 그의 설교를 다시 들어보자.

"추수할 일꾼들을 보내 달라고 기도합시다! 하나님께서 기도하라고 말씀하십니다. 추수할 일꾼이 없어 수많은 영혼들이 목자 없는 양과 같이 헤매고 있습니다. 제가 가진 정보에 의하면 3만 명 정도의 선교사들이 국내외에서 사역하고 있습니다. 지금 세계의 인구는 20억을 넘어서고 있습니다. 만일, 우리 개신교만이라도 세계 선교의 비전을 가지고 하나님께서 주시는 선교의 부담감에 따라 물질을 드리고 하나님께서 우리를 부요케 하신 뜻을 따라 선교사들을 사랑으로 후원한다면, 우리는 불타는 복음을 가진 35만 명의 선교사를 세계 모든 민족들에게 파송할 수 있게 될 것입니다. 우리 세대에 35만 명의 신실한 선교사들을 모든 민족들에게 보낼 수만 있다면, 이 세대에 세계 복음화를 이룰 수도 있을 것입니다. 예수님의 재림을 볼 수도 있을 것입니다. 우리의 선교사역을 통하여 예수님의 재림을 단축할 수 있을 것입니다.

현재 파송된 3만 여명의 선교사들 가운데 많은 선교사님들이 어려운 처지에 있습니다. 몸과 마음이 지쳐서 견디기 힘든 처지에 놓여있습니다. 해외 선교사들을 위해 기도합시다! 우리가 만일 진실한 믿음을 가지고 기도한다면, 하나님께서 그 기도를 들어주실 것입니다. 어떤 사람에게는 선교사로 나가라고 응답하시고, 어떤 사람에게는 파송 선교사들이 소명을 따라 갈 수 있도록, 물질로 후원하라고 응답하실 것입니다.

여러분, 중생한 신자 모두가 복음을 전해야 하는 해외선교사라는 사실을 아십니까? 제가 설명해 드리겠습니다. 골로새서 1장 13절은 말씀합니다. 여러분과 제가 그리스도를 영접하고 구원을 받았을 때, '그가 우리를 흑암의 권세에서 건져 내서 그 사랑하는 아들의 나라로 옮기셨으니 그 아들 안에서 우리가 구속 곧 죄사함을 얻었도다' 빌립보서 3장 20절도 말씀합니다. '오직 우리의 시민권은 하늘에 있는지라' 우리의 시민권은 하늘에 있습니다. 여러분과 저는 이 세상에서는 이방인이요 순례자일 뿐입니다. 죄 많은 이 세상은 우리의 고향이 아닙니다. 이 말씀의 진정한 의미가 무엇입니까? 모든 믿는 자들은, 우리의 고향이 아닌 이 세상에서 예수님을 증거 하는 증인이요 해외선교사들인 것입니다. 우리의 선교사역을 가정에서부터 시작하십시다. 여러분의 이웃과 일터에서, 여러분이 알고 있는 친구들로부터 시작합시다. 예루살렘에서부터 시작하여 온 유대와 사마리아와 그리고 땅 끝까지 이르러 예수님의 증인이 될 것입니다. 먼저 이렇게 기도함으로 시작하시기 바랍니다. '주님, 저의 마음에 품을 영혼들을 보내 주시옵소서. 그리고 그들을 주님 앞으로 인도할 수 있도록 도와주시옵소서' 이런 기도가 예수 그리스도를 믿는 교회가 드려야 할 기도입니다.

저의 개인적인 말씀을 드려도 되겠지요? 저의 확실한 비전을 여러분과 나누고 싶습니다. 10년 전에 하나님께서 풀러신학교를 패서디나에 세우셨습니다. 이 신학교는 하나님의 영감된 말씀을 믿고 그 믿음을 바르게 잘 지켜나가고 있습니다. 지난 10년 동안 이 신학교를 통하여 하나님께서 학적 수준이 높을 뿐만 아니라 영성이 탁월한 400명의 졸업생을 허락해 주셨습니다. 졸업생 400명중 90명이 지금 선교지에 나가서 선교사로 활동하거나 선교지 언어를 습득하여 예수 그리스도의 증인된 사명을 감당하기 위하여 준비하고 있습니다. 졸업생의 22.5%가 선교지에 나가 섬기고 있습니다. 이것은 놀라운 일입니다. 그러나 저는 지금 제 마음 속에 있는 선교적인 부담을 나누고 싶습니다. 하나님께서 밤에 저를 계속해서 깨우시고 기도하게 하십니다. 밤마다 이런 일이 반복되고 있습니다. 하나님께서 전 세계의 믿는 성도들의 마음속에 특별한 비전을 주시고 함께 기도하게 하십니다. 그리고 저희로 풀러신학교에 선교학과 전도학부를 세우되, 세계 제일로 세우라고 하십니다. 전 세계적으로 선교와 전도 훈련 분야에서는 세계 제일의 학교, 학문과 영적 수준이 최고로 높은 그런 학교를 위해 기도하라고 하십니다. 이것이 제가 가진 영적 부담감입니다. 이 일이 주님께서 저에게 이 비전을 이룰 수 있도록 허락해 주신다면 너무 기쁘고 감사할 것입니다. 지금 풀러에는 로드아일랜드 프라비던스 출신, 부스 박사(Dr. Booth)의 지도하에 좋은 선교학부와 좋은 전도학부가 있으며 하나님의 축복 가운데 잘 발전하고 있습니다. 풀러 신학생들은 영혼을 구하는 전도자들입니다. 교수님들도 영혼을 구하는 전도자들입니다. 그러나 저는 하나님의 영광을 위하여 이보다 훨씬 탁월한 선교훈련을 제공하는 선교대학원이 세워지기를 바라고 있습니다. 이 비전을 위해 저와 함께 기도하지 않으시겠습니까? 오! 지금 추수할 곡식들이 일꾼을 기다립니다. 일꾼이 필요합니다. 저는 밤에 잠을 잘 수 없습니다. 사랑하는 형제, 자매 여러분, 하나님께서 택하신 젊은 남녀 종들이, 선교사와 교사로 훈련될 뿐만 아니라 예수의 귀한 이름을 한 번도 들어

보지 못한 수 백 만의 영혼들에게 복음을 전하기 위해, 하나님의 일꾼으로 선교지로 보내진다면 우리의 마음은 얼마나 더 기쁘고 행복하겠습니까! 사랑하는 '올드 패션드 리바이벌 아우어(Old Fashioned Revival Hour)' 청취자 여러분, 하나님 섭리 아래 이 마지막 시대에 선교와 전도를 위해 더욱 힘쓰는 것이 이 시간 하나님께서 우리 모두에게 바라시는 하나님의 사역이라고 믿습니다."

다니엘 풀러는 증언했다. 아버지 찰스 풀러의 선교대학원을 향한 비전은, 1947년 풀러신학교가 개교 할 때부터 공식적으로 밝혔다고 했다. 그 꿈은 개교한지 18년 후에 선교 대학원이 심리학대학원과 함께 설립됨으로 비로소 이루어졌다.

풀러 선교대학원은 처음부터 박사과정을 염두에 두고 시작했다. 1965년 도널드 맥가브란(Donald McGavran) 박사를 선교대학원장에 임명함으로 세계 선교를 전문적으로 연구하는 대학원이 설립된 것이다. 알렌 티펫(Alan Tippett) 박사가 두 번째 교수가 되었고, 첫해에 12개국에서 사역하던 16명의 선교사들이 선교대학원에 등록했다. 후에, 맥가브란은 대학원장직을 중국내지선교회(CIM) 선교사였던 글라서 박사에게 물려주고 가르치는 일에 전념하였다. 글라서 박사는 CIM의 후신인 OMF 선교회 미국 총재를 역임하였다. 그 후로 1955년 풀러신학교를 졸업한 피터 와그너(Peter Wagner) 박사가 교수로 부임했다. 그는 볼리비아에서 16년간 선교사로 활동하였다. 그는 '풀러전도협회' 회장으로 봉사하기도 하였다. 다니엘 풀러의 절친한 친구인 랄프 윈터 박사도 선교대학원에 교수로 부임했다. 그는 미전도 종족에 관한 이론으로 유명해졌다.

선교대학원이 태동하기까지, 허바드 총장과 구약학자인 윌리엄 라소(William LaSor) 교수, 아랍권에서 선교사로 활동하셨던 크리스티 윌슨(Christy Wilson) 박사, 사무엘 즈웜머(Wamuel Zwemer) 박사, 라틴 아메리카 선교회 총재인 게네스 스트라찬(Kenneth Strachan) 박사가 선교학을 강의하였고, 선교 대학원의 기초 돌을 놓는데 많은 수고를 하였다.

3. 영원한 아침에 만나요

1965년 9월 선교대학원이 개원하는 기쁨이 채 가시기도 전에 그레이스의 건강은 점점 약해져갔다. 거동이 불편한 그레이스는 침상에 누워 지내야 했다. 12월에는 복부 수술을 받아야 했다. 긴 겨울이 지나는 동안 생명의 기운은 찬바람과 함께 몸에서 점점 빠져나가고 있었다. 주로 거실 의자에 앉아 있는 그레이스 곁에는 언제나 찰스 풀러가 있었다. 1966년 5월이 되자 병원에 입원해야만 했다. 병원에서 10일 동안 혼수상태에 빠진 그레이스 곁에 찰스 풀러가 있었다. 누가 옆에 있는지 인식할 수 없는 시간에도, 그는 그레이스 곁에서 성경을 보면서 설교 준비를 했다. 찰스는 말했다.

"제가 이렇게 곁에 있어주면서, 하나님의 말씀을 읽으며, 설교를 준비하고 복음을 전파하는 모습을 그레이스는 가장 기뻐할 것입니다."

1966년 6월 11일 오후였다. 병실을 잠시 떠나 집에 들른 찰스에게 전화가 걸려왔다. 담당 의사였다.

"풀러씨, 부인께서 임종하셨습니다."

찰스는 그 잊을 수 없는 사건을 다음과 같이 기록했다.

"1966년 6월 11일, 오후 2시 30분, 그레이스 주님 품에 안기다. 54년 9개월 동안 행복했던 결혼생활, 잘 자요 '내 사랑(honey)' 우리 영원한 아침에 다시 만나요. 찰스."

장례식은 레이크 애비뉴 회중교회에서 성대하게 거행되었다. 포레스트 로온(Forest Lawn)에서 하관 예배가 있었다. 사랑하는 연인, 아내, 그리고 동역자를 떠나보낸 찰스 풀러의 마음에는 그레이스와의 아름다운 추억들이 새록새록 되살아났다. 그리고 지금까지 경험해 보지 못했던 외로움이 물결처럼 밀려왔다. 큰 물결에 거인 풀러도 마구 흔들렸다.

슬픔은 생각보다 컸다. 사랑하는 사람을 먼저 보내고 시리고 아픈 마음을 가누지 못하는 찰스 풀러에게, 아들 다니엘이 말했다. "아버님, 그렇게 지내시지 마시고 이번에 초청 받으신 베를린에서 열리는 세계 전도 위원회 모임에 가셔서, 세계에서 온 여러 사역자들도 만나 보시고 여행을 하시면 좀 좋아지실 것입니다. 어떻게 생각하세요? 아버님."

아들의 의견을 따르기로 했다. 찰스 풀러는 1966년 11월 독일 베를린에서 열린 '복음전도협회(Congress on Evangelism)' 에 참석하기로 결정했다. 베를린으로 세계 각지에서 복음주의 지도자들이 모였다. 그곳에서 찰스 풀러의 사역을 본 받아 세계 각국에서 라디오 방송 사역을 하는 많은 사람들을 만날 수 있었다. 대회 모임에서 공식적으로 찰스 풀러에게 복음 전도에 공헌한 것을 기리며 상을 주었다. 세계 각국에서 온 지도자들이 너도 나도 찰스 풀러를 직접 만나보고 싶어 했다. 한 번도 만나

본적이 없는 사람들이었다. 그들은 찰스 풀러를 만나 기뻐하면서 자신의 간증을 해 주었다. 전 세계 방송망을 연결한 풀러의 라디오 사역을 통해 전도를 받은 사람, 사역자로 헌신한 사람들이 그렇게 많다는 사실을 그때까지 아무도 몰랐었다. 날마다 사람들은 찰스 풀러를 찾아왔다. 어떤 날은 저녁 늦도록 방문자들이 끊이지 않아 잠을 잘 시간이 없을 정도였다. 하나님께서는 아내 그레이스를 잃은 슬픔에 잠긴 찰스 풀러를 돌보셨다. 베를린에서 전혀 모르는 여러 사람들을 통해 격려하시고 위로하셨다.

4. 후이즈 닥터 풀러

윌버 스미스 교수는 찰스 풀러의 가까운 친구였다. 1949년 저술한 〈하나님의 음성〉에서 그는 찰스 풀러를 닥터 풀러(Dr. Fuller)라고 정중하게 부르며 그의 인간성에 대해 설명한다.

"바울은 고린도 교인들에게, '너희는 외모만 보는도다' (고린도후서 10:7)고 했다. 우리는 닥터 풀러의 외모 뿐 아니라 그의 가정생활, 영성 그리고 그의 내면세계도 살펴 볼 수 있으면 좋겠다. 외견상, 찰스 풀러는 멋지다. 놀라울 정도로 핸섬하다. 성경을 가르치는 일반적인 설교자의 모습과는 사뭇 다르다. 운동선수 출신이고 육척 장신에 건강하고 적당한 몸매를 가졌다. 얼굴에는 언제나 밝은 빛이 나며 그의 갈색 눈동자는 하나님의 사랑으로 가득하다. 은백색의 머리, 얼굴에 진 주름까지도 하나님의 복음을 위해 싸운 전사의 흔적으로 보인다. 그는 비싼 옷을 입지 않지만 깔끔하고 세련되게 옷을 입는다. 멋진 신사다. 그는 산소와 같다.

가는 곳마다 생기가 넘쳐나고 열정이 솟아난다. 그는 돈을 낭비하지 않았다. 하지만 품위 있고 관대했다. 그의 차는 언제나 깨끗이 세차가 되어 있었고 조그만 흠집도 없는 깔끔한 상태로 유지하는 것을 좋아했다.

그는 그리스도의 군사로 부르신 이를 기쁘시게 하기 위하여 사사로운 자기 일에 얽매이지 않았다. '군사로 다니는 자는 자기 생활에 얽매이는 자가 하나도 없나니 이는 군사로 모집한 자를 기쁘게 하려 함이라' (디모데후서 2:4) 닥터 풀러는 격무에 시달렸다. 많은 일들에 관심을 쏟아야 했고, 많은 일들을 처리해야 했고, 힘든 결정을 내려야 했지만, 어느 것에도 얽매이지 않았다. 그는 매 주일마다 수 천만 명에게 설교하는 대설교가이다. 하지만, 평소에는 숫기가 없다. 그래서 전혀 모르는 사람을 처음 만날 때는 약간 멋쩍어한다. 하지만 강단에서 설교를 할 적에는 확연히 달라진다. 정말 자연스럽다. 그러나 많은 사람들에 둘러 쌓여 있으면 어떻게 처신해야 할지 몰라 어색해 한다. 닥터 풀러는 유머를 즐기지만, 자신이 먼저 유머를 구사하는 경우는 많지 않다.

그는 가정적인 사람이다. 가족을 사랑한다. 아내와 아들에게 그렇게 다정하고 좋은 남편이요 아버지이다. 그는 언제나 부인과 함께 다닌다. 부인이 옆에 없으면 어쩔 줄 몰라 할 경우도 있다. 그는 언제나 한결 같은 사람이다. 사적인 장소이든 공적인 장소이든 변함이 없다. 그는 일반 사람과 다르다. 누구에게든 잘 보이기 위해서 척하는 경우가 없다. 폼을 잡지 않는다. 오직 예수 그리스도를 전하고, 회개하게 하고, 영접하게 하는 사역에 대한 긴박감을 표현할 때에는 참으로 진지하고 간절하다.

그는 인맥이 풍부하다. 유명한 사람들, 부자들, 정치가들, 경제인들을 많이 만나지만, 그들에게 자주 연락을 취한다거나 특별한 인맥관리는 하지 않는다. 다만 그들에게 주 예수 그리스도의 복음의 증인이 될 수 있기만 바라는 진지한 마음을 전할 뿐이다. 그는 진정 주만 위해 사는 사람이다."

닥터 풀러는 유명인이다. 19세기 설교자로는 세계적인 인물이지만, 그는 유명해지기를 원하지 않았다. 사람들이 그를 기억하며 인정해 주기를 바라지 않았다. 다만 하나님께만 인정받기 원했다. 하나님의 말씀을 기뻐하고, 그리스도 중심으로 살며, 강단을 보좌로 삼았다. 그는 바울의 언어로 '높은 데 마음을 두지 말고 도리어 낮은 데 처하며 스스로 지혜 있는 체 말라'(로마서 12:16)를 삶으로 실천하였다. 그에게는 허세가 없었다. 닥터 풀러는 자신이 할 수 없는 것을 할 수 있는 체하지 않았다. 교만하지 않았다. 그는 자신의 한계를 잘 알고 있었다. 그는 헬라어를 공부했지만 성경 원어 분석과 주해를 하지 않았으며, 자신이 문필가가 아니었기에 책 쓰기도 자제했다. 쓰고자 하는 의도만 있었다면 얼마든지 가능했으련만 책을 저술하지 않았다. 그는 자신에게 주어진 일에만 집중하였다. 중요한 결정을 내릴 때까지는 신중하게 검토하고 결정을 내린 다음에는 번복하지 않았다. 그래서 그는 적어도 보통 사람보다 20년은 젊게 살았다.

닥터 풀러는 어눌하다. 말을 잘하는 사람이 아니다. 그가 말을 잘 하지 못했기 때문에, 하나님께서 그에게 속박 가운데 사는 백성들을 약속의 땅으로 인도하게 하셨을 것이다. 어눌했던 모세가 말하지 않았는가.

'나는 본래 말이 능하지 못한 자라 주께서 주의 종에게 명하신 후에도 그러하니 나는 입이 뻣뻣하고 혀가 둔한 자니이다'(출애굽기 4:10) 모세의 이런 불평은 하나님의 계획을 바꾸지 못했다.

'이제 가라 내가 네 입과 함께 있어서 할 말을 가르치리라' (출애굽기 4:12). 자신의 부족함을 아는 모세나 바울에게 하나님께서 말씀하신다. '내 은혜가 네게 족하다 약함이 곧 강함이니라' 바울은 디모데에게 명했다. '오직 하나님의 능력을 좇아 복음과 함께 고난을 받으라' (디모데후서 1:8) 풀러 박사는 복음을 위해 많은 고난을 받았다. 주의 소명을 감당하기 위하여 애쓰는 순간 사업이 어려워졌으며 가난에 처하게 되었다. 누구보다 많은 비판과 비난을 받기도 했다. 거짓으로 상상할 수 없는 모함을 받은 적도 많다. 그런 가운데서도 그는 성결하게 살았다. 은사를 받았다는 사역자들이 많았지만, 그는 방언의 은사를 구하지 않았다. 병자에게 손을 얹어 치유의 기적을 베풀지도 않았다. 다른 은사를 가진 사람들을 비판하지도 않았다. 그는 그리스도의 십자가만 자랑하였다. 그에게는 바울의 고백이 있었다. '내게는 우리 주 예수 그리스도의 십자가외에 결코 자랑할 것이 없으니 그리스도로 말미암아 세상이 나를 대하여 십자가에 못 박히고 내가 또한 세상을 대하여 그러하니라' (갈라디아서 6:14)

닥터 풀러는 매사에 신중하였지만 함께 일하는 사람들에게는 관대하고 친절했다. 그는 깊은 기도의 사람이었지만, 자신의 기도생활에 대하여 공개적으로 설명하거나 자랑하지 않았다. 그는 아침 일찍 깨어나는 순간에 하나님의 뜻을 구하는 사람이다. 시편 기자가 고백한대로 '대저 생명의 원천이 주께 있사오니 주의 광명중에 우리가 광명을 보리이다' (시편 36:9) 이 말씀에 비추어 그는 계획을 세우고, 말하고 편지를 썼다. 그가 하는 모든 일들은 그의 목표인 영혼을 구하는 복음 선포에 유익하게 사용되었다. 이런 연유로, 그는 그리스도의 속죄를 거부하는 사역자

● 찰스 E. 풀러

들을 견딜 수 없어했다. '만일 누구든지 너희의 받은 것 외에 다른 복음을 전하면 저주를 받을지어다' (갈라디아서 1:9). 닥터 풀러의 마음은 바울의 마음과 같았으리라. 그는 예수 그리스도의 복음 이외의 일에 대해는 전혀 관심을 가지지 않았다.

예수님께서 말씀하셨다. '사람이 나를 섬기려면 나를 따르라 나 있는 곳에 나를 섬기는 자도 거기 있으리니 사람이 나를 섬기면 내 아버지께서 저를 귀히 여기시리라' (요한복음 12:26) 찰스 풀러는 주님만을 섬겼다. 주께서 인도하는 곳이라면 어디든 따랐다. 주님이 계시는 곳에 그도 있기를 소원했다. 그는 하나님의 독생자 예수 그리스도께 영광 돌리는 삶을 살았다. 이런 그의 마음을 보시고, 하나님께서 그를 영광스럽게 사용하셨다.

5. 하나님께서 사용하신 그릇

루벤 토리 박사는 D. L. 무디의 후계자였다. 그는 가장 가까이에서 무디를 보좌하였다. 그는 1923년, '하나님께서 무디를 쓰신 이유(Why God Used D. L. Moody)' 라는 설교를 통해 무디 목사의 능력의 삶에 대한 비밀을 구체적으로 설명했다.

"무디는 권능의 사람이다. 시편 62편 11절에 '권능은 하나님께 속하였다' 고 하셨다. 나는 무디 목사에게 영광을 돌리려 함이 아니다. 그를 택하시고 쓰신 하나님의 은혜를 나누기 원한다. 그 시대를 위해 하나님의 은혜의 장중에 잡혀 쓰임 받았던 무디 목사의 자세를 배움으로 우리도 하나님의 복음을 위해 쓰임 받을 수 있는 비결을 발견할 수 있기를 바란다. 권능은 칼빈이나 루터나 어떤 다른 위대한 영적 지도자에게 속한 것이 아니다. 하나님께 속한 것이다."

무디는 우리 시대에 가장 귀하게 쓰임 받은 하나님의 일꾼이다. 그의 사역 가운데 하나님의 능력이 나타났다. 어떻게 해서 그의 사역에 이런 능력이 나타날 수 있었을까? 오랫동안 무디의 삶을 살펴보면서 나는 7가지 이유를 발견했다.

첫째, 그는 하나님께 온전히 드려진 사람(A Fully Surrendered Man)이었다. 그가 가진 모든 것, 그의 전 존재를 주님께 드렸다. 인간적인 부족함도 있었지만, 그는 자신의 부족함까지도 모두 주님께 드린 사람이다.

둘째, 그는 기도의 사람(A Man of Prayer)이었다. 그는 기도의 깊이를 아는 사람이었다. 그는 위대한 설교자로 알려져 있지만, 그는 그보다 먼저 위대한 기도의 사람이었다. 기도에 응답하시는 하나님을 믿었다. 언제나 쉬지 않고 기도했다.

셋째, 그는 성경을 깊이 연구하는 학생(A Deep and Practical Student of the Bible)이었다. 무디의 능력은 성경에서 나왔다. 성경의 권위가 무디의 권위였다. 그는 철학, 심리학, 생물학, 인류학, 그리고 신학도가 아니라, 오직 성경학도였다. 그는 매일 새벽 4시에 일어나 골방에서 성경을 읽었다. 그래서 누구보다 성경을 잘 알고 있었다.

넷째, 그는 겸손한 사람 (A Humble Man)이었다. 무디는 내가 아는 사람들 가운데 가장 겸손한 사람이다. 무디는 이런 말을 자주했다. '믿음은 가장 많은 것을 받고, 사랑은 가장 큰 일을 하지만, 겸손이 가장 많은 사람을 머물게 한다.'[9] 그는 하나님께서 언제나 다른 사람을 사용하시도록 조용히 뒤로 물러서 있기를 좋아했다. 하나님께서 역사하시는 모습을

9) "Faith gets the most: love works the most: but humility keeps the most."

지켜보며 기뻐했다.

다섯째, 그는 돈으로부터 완전히 자유로운 사람(His Entire Freedom from the Love of Money) 이었다. 그는 자신을 위해 돈을 따로 모으지 않고 오직 주의 사역을 위해 돈을 사용하였다. 무디는 마음만 먹으면 그가 가지고 있었던 찬송가 판권만 가지고도 백만장자가 될 수 있었지만 그는 돈을 거부했다. 일반적으로 복음전도자의 가장 예민한 부분이 돈 문제인데, 무디는 돈에 대한 욕심이 없었기에 끝까지 돈 문제로부터 자유로울 수 있었다. 이 부분이 훌륭하다.

여섯째, 그는 잃어버린 영혼 구원에 대한 불타는 열정(His Consuming Passion for the Salvation of the Lost)이 있었다. 구원을 경험한 직후, 그는 매일 한 사람에게 복음을 전하겠다는 결심을 했다. 그는 자신과의 약속을 지켰다. 무디 선생은 하나님을 향한 불덩이였다. 그가 가는 곳마다 영혼을 향한 뜨거운 열정이 불타게 하였다. 선교 열정이 번져갔다.

일곱째, 위로부터 내리는 능력으로 덧입은 사람(Definitely Endued with Power from on High)이었다. 그는 오순절에 임했던 성령의 강림을 믿었다. 자신이 그 성령으로 능력을 입었다는 것을 믿었다. 하나님의 사역은 인간의 능력이나 열심만으로 되는 것이 아니라, 성령의 능력주심으로, 성령의 충만한 능력으로만 가능하다는 것을 알았다.

무디의 후계자인 루벤 토리 박사는 찰스 풀러의 스승이었다. 토리 박사는 무디의 정신을 제자들에게 철저하게 전수하였다. 그래서 무디 선생의 영성은 루벤 토리를 통해 찰스 풀러에게 전달되었다. 하나님께서 찰스 풀러를 사용하신 이유가 무엇인지 살펴본다면, 무디 선생과 비슷하면서도 다른 점이 있다. 이 책에 나타난 찰스 풀러의 영성을 다음과 같이 정리한다.

찰스 풀러는 평범한 가정에서 태어났다. 가구점을 운영하다가 오렌지 농장을 일군 농사꾼의 아들이었다. 네 명의 아들 중에서도 제일 부족한 아들이었다. 경건한 아버지의 눈에도 다른 특별한 영적 가능성이 보이지 않았기에 시골에서 농장일이나 거들면서 살면 될 것이라고 판단하였다. 고등학교 이상 진학할 필요가 없다고 생각하고, 그의 미래에 대해 계획도 세우지 않고 관심도 보이지 않았을 정도였다. 그런 찰스 풀러가 부르심을 받고 위대한 설교자로 역사에 남는 인물이 되었다. 유명한 정치가들, 장군들, 과학자들, 문학가들이 있지만 그들의 시대는 갔다. 그들이 남겨 두었던 화려한 비문과 유산들은 사라졌다. 그러나 찰스 풀러가 남긴 영혼 구원의 흔적들은 아직 남아있고, 그의 선교 사역은 풀러 신학대학원 출신의 젊은 사역자들을 통하여 전 세계로 퍼져나가고 있다. 그의 영향력은 지금까지 전 세계 지도자들에게 미치고 있다. 복음을 위해 전 생을 쏟은 그의 삶은 한 알의 밀알이 되어 한국을 비롯한 여러 곳에서 열매를 맺고 있는 것이다.

첫째, 그는 하나님께 드려진 사람이었다.

하나님께 철저히 헌신된 사람이었다. 그는 자신의 모든 것을 주님께 드렸다. 그가 가진 모든 것은 찰스 풀러의 것이 아니라 하나님의 것이었다. 그는 부족한 사람이었지만, 성경 말씀을 따라 자신을 온전히 주님께 드렸다. 오직 주의 복음을 전하는 소명에 순종하는 평생을 살았다. 자신의 모든 것과 가족, 사랑하는 아들까지도 하나님께 기꺼이 드리기를 원했다. 무엇보다 하나님의 뜻이 이루어지기를 기도했다. 아버지 헨리 풀러가 전 재산을 재단을 만들어 기부하듯, 아버지의 마음을 따라 하나님께 모든 것을 드렸다.

둘째, 찰스 풀러는 기도의 사람이었다.

그는 위대한 설교자였지만, 설교보다는 기도에 능한, 기도의 사람이었다. 그는 무시로 기도했다. 성격이 내성적인 찰스는 설교하는 것보다 기도하는 것을 더 좋아했다. 큰일이든 작은 일이든 언제나 기도로 하나님께 물었다. 어려운 풍랑을 만났을 때도 기도했다. 그를 평생 붙들어 준 말씀은 예레미야 33:3절이었다. '너는 내게 부르짖으라 내가 네게 응답하겠고 네가 알지 못하는 크고 비밀한 일을 네게 보이리라' 그는 하나님의 비밀한 것을 보았으며 그 능력의 하나님께 마음껏 쓰임 받았다. 미국 경제공황을 비롯한 여러 번의 경제적인 위기가 닥쳤을 때도 다른 사람들에게 비난과 공격을 받고 곤고할 때에도 잠잠히 기도했다. 그는 인간적인 방법을 쓰지 않고 기도로 모든 것을 해결했다. 기도를 믿었다. 응답하시는 하나님을 믿었다. '하나님께는 능치 못하심이 없다. 하나님께서 지혜를 주신다.' 그리고 능하신 하나님께 기도했다. 하나님께서는 그의 기도를 들으시기 위해, 한 밤중에 그를 깨우기도 하셨다. 기도하라고, 마음에 비전을 심어 주셨다. 68,000명이 모인 시카고 집회에서, 폭우가 쏟아지는 순간에 당황하지 않았다. '비를 멈추어 주옵소서!' 담대하게 기도할 수 있는 사람이 얼마나 되겠는가! 놀랍게 비가 멈추고 집회는 성공적으로 끝났다. 그의 기도를 통해 수많은 영혼들이 주께로 돌아왔다. 임종을 앞둔 마지막 순간까지 이 땅에 남은 마지막 영혼을 주께 인도할 수 있게 해 달라는 그의 기도는 겟세마네 기도와 같다. 오늘도 우리를 감동시킨다. 그를 비판하고 방해하는 사람들을 모두 주께 맡기고, 기도하면서, 복음만을 전하기 원했던 사람이었다. 그는 기도의 응답을 믿었다. 믿을 뿐만 아니라, 응답을 받았다. 철저히 체험적인 기도신학을 가지고 있었다. 하나님만 의지하고, 기도하는 기도는 열매로 나타났다.

셋째, 찰스 풀러는 성경이 전부인 사람이었다.

평생 성경을 공부하는 학생이었다. 그는 성경을 잘 가르치는 성경 교사요 설교자로 알려져 있지만, 사실은 다르다. 그는 성경 교사이기 전에 성실한 성경학교 학생이었다. 찰스 풀러는 포모나 대학에서 화학을 전공하였다. 그래서 당시 지성인을 자칭하는 과학에 대해 남다른 학식이 있었다. 그러나 그는 과학자는 아니었다. 농장을 했지만 농학도도 아니었다. 전신기술을 배웠지만 전자공학자도 아니었다. 그는 평생 성경을 공부하는 학생이었다. 도서관에 전시된 그의 성경책은 낡았다. 성경에 많은 글들이 적혀있다. 그는 매일 시간을 내서 성경을 연구하면서 조용한 시간을 가졌다. 설교를 준비하면서 성경에서 가장 적절한 말씀이나 내용을 찾아 주제와 잘 연결했다. 당시 성경에 관한한 누구와 비교해도 떨어지지 않을 만큼의 실력을 갖추고 있었지만, 그는 마지막 날까지 계속해서 성경을 공부했다. 이것은 삶의 일부가 되었다. 7순이 넘어서도, 계속 말씀을 공부하면서 설교준비를 했다. 그의 설교에 나타난 확신에 찬 목소리는 훈련으로 만들어진 것이 아니다. 매일 연구한 성경에서 나온 믿음의 고백이요 확신이었다. 이런 마음에서 아들 다니엘 풀러에게도 성경학자가 되라고 권했다.

찰스 풀러는 루벤 토리 교수의 말씀을 항상 마음에 품고 살았다.

"사랑하는 형제 자매들이여, 여러분의 가르침을 받는 사람들에게 무언가 의미 있는 내용을 가르치고 싶습니까? 그렇다면 공부해야 합니다. 연구해야 합니다. 성경의 전문가가 되어야 합니다. 배우게 해야 합니다. 성경을 가르쳐야 합니다. 설교해야 합니다. 말씀을 설교해야 합니다. 오직 성경만이 능력입니다. 설교자에게 그리고 청중들에게, 성경 말씀은 능력이 됩니다."

넷째, 찰스 풀러는 겸손한 사람이었다.

하나님께서는 참으로 겸손한 사람을 들어 쓰시는 것이다. 어느 날 대형 전도 집회를 마치고 나오다가, 어느 중년 여성과 마주치게 되었다.

"아니, 풀러 목사님! 영광입니다. 이렇게 목사님을 뵙게 되다니요! 이런 귀한 분을 뵙게 되는 날도 있군요. 저는 목사님을 존경합니다. 말씀을 들을 때마다 하나님께서 말씀하시는 것으로 듣습니다. 아이고 목사님! 사랑합니다. 영광입니다."

"자매님, 그만 하세요! 저는 부족한 사람입니다. 오직 하나님께만 영광을 돌리세요!"

찰스 풀러는 손가락으로 하늘을 가리키며 단호하게 말했다. 이것은 그의 진심이었다. 그는 오직 하나님께만 영광을 돌리고 싶어 했다. 어떤 경우에라도 자신이 영광 받는 것을 가장 싫어했다. 하나님과 주위 사람들을 높이고 자신은 한없이 낮아지기를 원하였다. 그는 겸손한 사람이었다. 그를 잘 아는 사람으로부터 들은 적이 있다. '찰스 풀러는 당대를 풍미하던 설교자 가운데 가장 겸손한 사람이었습니다.' 그의 장례식에서 가장 많이 사용된 단어가 있다. '그는 겸손한 사람이었습니다.' 겸손하였기에 D. L. 무디 선생 이후, 라디오 시대에 복음을 위하여 가장 귀하게 쓰임 받은 것이다.[10)]

다섯째, 찰스 풀러는 물질로부터 자유로운 사람이었다.

풀러는 복음 사역을 위해 많은 돈을 사용하였지만, 돈을 사랑하지는 않았다. 사업을 할 때에는 농장을 포함한 부동산을 사고 판 적도 있었다. 하지만 가진 재산을 주의 사역을 위해 모두 사용했다. 언제나 복음이 먼저였다. 하나님의 뜻이 먼저였다. 방송 사역을 시작할 때나, 풀러신학교를 시작할 때에 물질이 부족하여 어려움을 겪기도 했지만, 이 일이 주님의 뜻이라면 이루어질 것을 믿었다. 먼저 그분의 나라와 뜻을 구하면, 그분의 뜻에 따라 필요한 물질이 공급된다는 것을 믿었다.

부모가 남기고 간 임마누엘 재단의 재산이 있었지만, 그는 재단의 재산에 대해 전혀 개인적인 관심을 가지지 않았다. 교회에서 목회자로 섬겼지만 사례를 받지 않았다. 오히려 자신이 가진 물질을 투자하면서 행복해했다.

여섯째, 찰스 풀러에게는 잃어버린 영혼을 향한 열정이 있었다.

10) 물론, 라디오 시대를 넘어 TV 시대를 대표하는 빌리 그래함(Billy Graham) 목사가 있다.

그는 천국과 지옥을 확실히 믿었다. 영원한 심판의 불 못에 빠질 영혼들을 생각하면 잠을 이룰 수 없었다. 어떻게든 그들을 구원해야 한다. 이것은 무디 선생과 같은 맥락이었다. 복싱선수 출신 부흥사인 폴 라이더의 정열과 같은 열정이었다. 그는 스승인 루벤 토리로부터 잃어버린 영혼을 찾는 주님의 마음으로 설교하는 방법을 배웠다. 그의 열정이란 잃은 영혼을 향해 끝까지 찾아가는 것, 바로 사랑이었다. 아버지의 긍휼과 사랑으로, 집을 나간 아들을 찾는 마음으로, '지금이 구원의 날이다. 돌아오라! 왜 돌아오지 않느냐?' 며 절규하였다. 방황치 말고 돌아오라고 부드러운 음성으로, 따듯한 가슴으로 호소하였다. 방송을 통해서 들리는 목소리였지만, 그의 설교에는 강한 호소력이 있었다. 그의 목소리에는 눈물이 배어있었다. 그는 복음을 들고, 산으로, 들로, 광산으로, 농장으로, 시골로 어느 곳이든 찾아갔다. 이 땅에 남은 마지막 영혼에게까지 복음을 전하고 싶어 했다. 이런 그의 열정이 전파를 타고 전 세계로 퍼져나갔으며 헤아릴 수 없는 영혼들이 주님의 품으로 돌아왔다.

일곱째, 찰스 풀러는 사람을 키울 줄 아는 사람이었다.

사람을 키우기 위해, 자신이 가진 영향력 뿐 아니라 물질적인 후원을 아끼지 않았다. 카메룬 타운젠드(Cameron Townsend)를 도와 오늘 날의 위클립을 탄생시키게 했다. 빌 브라이트를 후원하여 CCC(대학생 선교회) 사역을 시작하도록 격려하였다,[11] 롱비치 지역에서 해군들에게 전도하던 트로트맨(Trottman)을 후원하여 네이게이토(Navigators) 사역

11) Bill Bright는 찰스 풀러의 아들인 다니엘 풀러의 가장 절친한 친구였다. 트로트맨은 다니엘을 네비게이토 방식으로 훈련시켰다.

을 시작하도록 힘을 실어주고 지원하였다. 빌리 그래함을 비롯한 젊은 사람들을 후원하였으며, 신학대학원을 설립하여 인재양성을 하였다.

여덟째, 찰스 풀러는 학자들의 전문성을 인정했다.

학자들을 귀하게 여겼다. 학문의 자유를 존중하였다. 풀러신학교를 설립하면서 학자들이 집중하여 연구할 수 있도록 충분히 후원하였다. 그는 자신의 위치를 잘 아는 사람이었다. 주 안에서 이루어지는 동역의 진정한 의미를 아는 사람이었다. 모교인 바이올라 대학 이사장 일을 하면서 학자들을 힘으로 다루는 것이 불가능하다는 것을 배웠다. 언제든지 그의 주위에는 사람들이 많았다. 찰스는 그들이 가진 강점과 약점을 잘 알고 있었으며 어떻게 하면 일이 잘 될 수 있는지를 아는 사람이었다. 그러나 그는 자신의 주장만을 강요하지 않았고 주위 사람을 잘 배려할 줄 아는 지도자였다. 풀러신학교를 설립하고 운영하는 과정이 그랬다. 이사장으로서 학교에 대한 중요한 결정을 내릴 적에도, 전혀 독단적으로 결정하지 않았다. 언제나 책임자인 오켕게 박사의 뜻을 존중했다. 동시에, 다른 교수진과 다른 학자들의 의견을 존중하였다. 자신도 교수로 사역한 적이 있었지만, 자신의 학문을 언제나 부족하게 여기고 좋은 학자들을 존중했다. 자신의 신학적 본적지인 근본주의를 떠나 복음주의 학자가 된 아들 다니엘 풀러의 학문 세계를 그대로 인정하고 존중해 주었다. 그는 학교가 잘 되려면 언제나 학문적으로 탁월한 사람이 총장이 되어 학교를 운영해야 한다고 생각했다. 그는 풀러신학교가 복음주의의 칼텍(Cal Tech, 캘리포니아 과학기술대학원)되기를 바랐다. 이런 학풍은 풀러신학교가 문화가 되어 지금까지 계속되고 있다. 그래서 풀러 총장이 되시는 분은 무엇보다도 탁월한 학자가 되어야만 했다.

아홉째, 찰스 풀러는 부인 그레이스 풀러와 한 몸이었다.

하나님께 드려진 한 쌍의 원앙이다. 그는 여성의 전문성을 인정하고 동역하기를 기뻐했다. 스미스 교수가 지적하듯, '그는 가정적인 사람이다. 아내와 아들에게 그렇게 다정하고 좋은 남편이요 아버지이다. 그는 언제나 부인과 함께 다닌다. 부인이 옆에 없으면 어쩔 줄 몰라 할 경우도 있었다.' 탁월한 센스를 가진 그레이스는 모든 면에서 찰스를 도왔다. 사역을 같이하고, 수많은 편지를 읽고 답장을 하고, 방송에 대한 전반적인 계획을 세우고, 재정을 비롯한 전반적인 일들을 해냈다.

찰스 풀러가 이룬 모든 일들은 그레이스 풀러와 함께 이룬 것이다. 찰스가 있는 곳에 그레이스가 있었다. 둘은 서로 사랑했다. 기쁠 때나 슬플 때나, 병들 때나 건강할 때나, 부할 때나 가난할 때나 한결 같은 마음으로 서로를 아끼고 사랑했다. 이 부부야말로 서로 한 평생 사랑하며, 귀중히 여기고, 도와주며, 위로하고, 고락간에 변치 않고 생전에 일정한 부부의 대의를 지켰다. 찰스는 언제나 아내를 귀하게 여기고, 그녀가 하는 사역에 대해 칭찬을 아끼지 않았다. 집에서나 방송국에서나, 공석에서나 사석에서, 언제나 부드러운 말로, 사랑스러운 말로 아내를 자랑스럽게 여겼다. 이런 사역자의 모범을 보며 나는 생각했다. 어떻게 이런 환상적인 부부관계를 임종할 때까지 유지할 수 있었을까 궁금했다. 그래서 아드님이신 다니엘 풀러 박사에게 물었다.

"두 분께서 그렇게 환상적인 결혼생활을 하시고, 끝까지 사랑하고 존경하는 모범을 보이셨는데, 어떤 특별한 비밀이 있습니까?"

"이것은 나의 이론입니다만, 결혼 문제는 두 사람이 서로 마주 보기 때문에 생긴다고 봅니다. 서로 마주 보면 상대방의 약점이 보이기 시작합니다. 그리고 그것을 고치려 하면 마찰이 생깁니다. 두 사람이 서로를 마주 보지 않고, 두 사람에게 주신 하나님의 특별한 소명을 함께 바라보며 나가는 것이 비밀이라면 비밀이라고 할 것입니다. 저의 부모님께서는 그렇게 사셨습니다. 하나님께서 두 사람을 짝지어주시고, 두 사람에게 엄청난 사명을 주셨다고 믿었습니다. 하나님께서 두 분에게 맡겨 주신 선교사역이, 너무나 귀하고 아름다운 일이기에 그리고 이 일을 함께 할 수 있다는 것이 너무나 행복한 일이었기에 하나님의 소명에 순종하면서, 함께 눈물 흘리고, 기도하고, 성장해 갔습니다. 서로 섬기면서, 전혀 상상할 수 없는 열매를 맛보며 기뻐하는 그런 행복하고 신비로운 동역관계가 행복한 결혼생활의 비밀일 것입니다."

풀러 도서관에서 찰스 풀러 자료들을 관리했던 케이트 맥긴(Kate Mcginn)은 대답한다.

"두 사람의 부부관계는 참으로 강하고 돈독하였습니다. 제 생각인데요. 두 사람이 함께 소명을 받았다는 것을 확신할 수 있었기 때문이었습니다. 이런 소명에 대한 확신이 있었기에, 동일한 사명을 감당하는 사역을 함께 하면서, 서로를 더욱 소중히 여기게 되었으며 성숙해 갔습니다. 이런 이유로 두 사람의 관계는 더욱 돈독하고 아름답게 발전될 수 있었던 것입니다."

열 번 째, 찰스 풀러는 오래된 복음에 신기술을 접목했다. 예부터 듣던 말씀(Old Story)을 전하기 위해 최신기술을 사용했다. 첨단 기술로 단

● 사랑하는 아내와 함께 묻혀 있는 찰스 풀러 목사님

순한 복음을 전했다. 새롭게 등장한 첨단기술인 라디오 전송 기술을 쉽게 받아들였기에, 그는 라디오 시대를 풍미하는 설교가로 자리매김을 할 수 있었다. 이것은 주님을 위해 최선의 것을 드리려는 마음이다. 최선의 방법으로 복음을 전해야하고, 복음이 너무 귀하기 때문에 소중한 복음을 전하기 위해 최선의 프로그램을 만들어야 한다는 프로 정신이었다. 그는 선교 방송에 전문성을 첨가했다는 평가를 받았다. 그는 진정한 프로페셔널(Professional)이었다. 그는 당시 최고의 음악가들을 고용하여 방송을 위한 4중창단을 조직하였고 가장 효율적인 방송장비를 사용하였다. 전 세계적인 방송 네트워크를 최선으로 활용하여 복음을 전하였다. 그는 매일 전파를 타고 땅 끝을 향하여 갔다. 주님의 명령에 순종하여 복음을 들고 산을 넘고 들을 건너갔다. 어둠 속에서 방황하는 잃어버린 한 영혼을 찾아갔다. 그리고 그에게 구원의 복음을 분명하게 전했다. 모든 민족과 방언들 가운데서 구원받는 사람들이 생겨났다. '하늘의 영광 내 마음 속에 차고도 넘쳐(Heavenly sunshine, Hallujah Jesus is mine)' 천국의 햇살이 어둠을 뚫고 비췄다. 만민에게 전한 그의 복음은 복잡하지 않았다. 단순한 복음이었다. 누구나 들어야 할 기쁜 소식이었다. 'Jesus Saves! 만민에게 전하라, 예수 구원하신다!'

마지막으로, 찰스 풀러는 지극히 현실적인 지혜를 터득한 사람이었다.

영적인 참담함과 아울러 냉혹한 현실을 직시한 사람이었다. 그는 현실인식이 부족한 영성과 열정으로만 가득한 지도자가 아니다. 그는 처절한 인간 실존을 깊이 체득한 사람이었다. 오렌지 농장을 일구며 자라는 어린 시절을 통해 노동의 의미를 배웠다. 대학에서 화학을 전공하여 농장의 토양을 분석하는 법을 배웠다. 광산에서 노동을 하면서 광부들의 아픔을 느꼈다. 농장을 직접 운영하며 경영을 배웠다. 불황에 시달리며 파산을 앞둔 경영자의 고뇌를 경험했다. 자신과 아들의 생사를 가늠하는 죽음의 길목에 서 보았다. 큰 회사를 운영했다. 오렌지 운송회사 총 매니저는 대단한 자리이다. 대단한 순발력과 탁월한 경영능력, 높은 정치력이 있어야만 지켜낼 수 있는 자리였다. 전 미국 바이어들을 상대로 오렌지 가격을 협상하는 탁월한 능력을 인정받은 것이다. 모교인 바이올라 대학을 운영하는 이사장으로 학자들의 세계와 대학운영을 경험했다. 아들 다니엘 풀러는 이렇게 말했다.

"대부분의 사람들은, 저의 아버님이 성경말씀만 공부하시고 성경만 가르치는 설교자로 알고 있는데 그렇지 않습니다. 저의 아버님은 현실 감각이 뛰어나신 분입니다. 많은 고생과 아픔을 통하여 지혜를 터득하셨습니다. 사람을 다룰 줄 알고 경영을 아는 분입니다. 필요할 때에는 정치

● 찰스 풀러 목사님 앞에서 기도하는 저자

● 풀러 목사님의 묘비를 가리키는 저자

감각을 사용하시기도 하셨습니다. 찰스 풀러의 영성은 이런 처절한 생존을 위한 고뇌를 포함하고 있습니다. 요즘은 편하게 공부하고, 사회경험이 없이, 먹고 산다는 것이 얼마나 힘든 일인지를 전혀 모른 체 온실에서 자라며 공부하고, 학위 받고, 설교자가 되는 사람들이 많습니다. 그런 사람들이 어떻게 설교를 듣는 사람의 아픈 현실을 이해할 수 있겠습니까! 처절한 생존경쟁의 현실을 이해할 수 있겠습니까! 저의 아버님은 다릅니다. 저의 아버님께서, 37세가 되실 때까지 직업을 가지고, 사회생활을 하시고, 부자도 되어보고 파산직전까지 가 보셨습니다. 생존을 위한 고통

가운데, 돈 버는 법을 터득하시고, 사람을 다루고 쓰는 법과 사업을 하는 방법을 터득하셨습니다. 플레센티아 오렌지 운송회사 총 매니저 자리는, 지금 우리가 생각하는 그런 보통 자리가 아닙니다. 오렌지 카운티의 부자들인 200여개의 오렌지 농장 주인들을 대신하여 오렌지 운송과 판매를 책임지는 실력 있는 자리입니다. 뉴욕을 포함한 전국의 유명한 바이어를 상대로 적절한 오렌지 가격을 결정하는 데, 당시 첨단기술인 전보기술을 사용하여 협상을 했습니다. 비상한 장사꾼이 아니면 할 수 없는 일이었지요. 이런 경험이 있었기 때문에, 그에게 맡겨진 하나님의 사명을 더 잘 감당하실 수 있었다고 믿습니다. 그런 체험이 없었다면, 지금 우리가 알고 있는 대단한 라디오 방송 사역도, 유명한 풀러신학교도 존재할 수 없었을 것입니다."

그렇다. 찰스 풀러는 하나님이 택한 사람이었다. 그 분이 쓰셨다. 방송사역을 통해 수많은 영혼을 주께 인도한 위대한 설교자로 쓰셨다. 찰스 풀러는 하나님의 부르심에 믿음으로 응답했다. 믿음의 거장이었다. 오직 복음을 위해 살았다. 복음을 위해 여러 선교기관들을 세웠다. 그와 같은 전도자, 상담자 그리고 선교사를 기르기 위해 풀러신학교를 세웠다. 그는 하나님께 부르짖었다. 하나님께서 그를 통해 크고 비밀한 일을 이루셨다. 그가 남긴 믿음의 유산들은 소중하고 귀하다. 하지만 한 가지 분명한 것이 있다. 찰스 풀러를 불러 쓰신 하나님, 그가 믿고 순종했던 하나님, 그분이 바로 우리가 믿고 따르는 우리 하나님이라는 사실이다.

두려워 말라 내가 너와 함께 함이니라 놀라지 말라 나는 네 하나님이 됨이니라 내가 너를 굳세게 하리라 참으로 너를 도와주리라 참으로 나의 기쁜 소식 들리니, 예수 구원하신다.
만민에게 전하라 예수 구원하신다.
주님 명령하시니, 산을 넘고 강 건너,
온 세상에 전하라, 예수 구원하신다.
바람들아 외쳐라, 예수 구원하신다.
기뻐하라 나라들, 예수 구원하신다.
구원하는 소리를 산과 들에 전하라.
우리들의 승전가 예수 구원하신다.

찰스 풀러 연보

1887년 4월 25일 찰스 풀러 LA에서 출생. 아버지는 헨리 풀러(Henry Fuller, 1846~1926)로 버몬트 주에서 로스앤젤레스로 이주한 후 가구상을 운영, 사랑이 많고 신앙심이 돈독한 어머니는, 헬렌 데이 풀러(Helen Day Fuller)로 화란계 출신.

1889년 어머니 천식으로 인해 레들랜드로 이사. 레들랜드 감리교회(the Redlands Methodist Episcopal Church) 출석.

1902년 아버지 Henry Fuller 선교지 방문으로 세계 일주.

1905년 아버지 Henry Fuller 두 번째 선교지 방문으로 세계 일주(당시 일본과 인도에서 사역하는 전임 선교사 3가정 후원). 아버지 헨리 풀러 말년에는 선교사 55가정을 직접 후원.

1905년 레들랜드 고등학교 졸업.

1906년 포모나 대학(Pomona College) 졸업(화학전공, cum laude 우등상 수상)

1910년 아버지 소유 금광에 들어가 광부들과 같이 일함. 익사사고 직전에 생환.

1911년 여름 레들랜드(Radland) 집으로 돌아 옴.

1911년 10월 21일 장모이신 패이튼 부인의 저택(Eureka street in Redlands)에서 그레이스 패이튼과 결혼

1911년 결혼 후 화학비료회사 토질검사 및 판매사원으로 취직

1913년 혹한으로 오렌지 농장이 다 얼어붙음. 오렌지 농장과 비료회사 사직.

1913년 9월 플레센티아에 있는 대형 오렌지 운송회사 총 매니저로 취직.

1913년 9월 13일 플레센티아 장로교회(Placentia Presbyterian Church) 등록.

1914년 4월 플레센티아 장로교회 시무장로로 안수 받음.

1916년 서기로 봉사하면서, 플레센티아 YMCA 클럽에 리더로 봉사.

1916년 라이더 목사의 집회에 참석하여 진정한 거듭남의 신앙체험을 경험.

1918년 4월 플레센티아 장로교회 재단 이사로 취임.

1919년 교회 기독면려회 프로그램 책임자가 됨.

1919년 봄 오렌지 운송회사 총 매니저를 그만두고 신학대학에 진학하여 설교자가 되는 것에 대해 진지하게 고민하다가 하나님의 인도하심에 따르기로 결정

1919년 가을 바이올라 신학대학에 입학하여 루벤 토리(Reuben Torrey) 교수를 만남.

1920년 가을 플레센티아 장로교회 전도사 직분을 받음.

1921년 바이올라 신학대학 졸업식에서 졸업생 대표로 설교. 매니저로 일하던 오렌지 운송회사의 재단이사로 취임. 성인 성경공부 참석인원이 너무 많아져 가까운 클럽 하우스 홀(hall of the PlacentiaRaund Table Club House)로 옮겨서 성경공부를 가르침.

1921년 10월 13일 주일 장년 성경 공부반을 당회의 허락 없이 클럽 하우스로 옮긴 것에 대해 문제 발생.

1922년 2월 졸업 후 계속하던 바이올라 신학대학 공부를 끝냄.

1922년 3월 31일 아버지 헨리 풀러가 해외선교사와 복음전도를 후원하기 위하여 임마누엘 선교재단(Immanuel Missionary Fund)을 $100,000 자본금으로 설립.

1923년 플레센티아 장로교회에 새로운 담임목사가 부임함. 담임목사는 장년 성경공부반을 교회에서 새롭게 시작한다고 발표하고 클럽 하우스 성경공부 반을 교회로 옮기라고 풀러에게 명령함. 교회 담임 목회자와의 갈등을 경험.

1924년 1월31일 찰스 풀러(Charles Fuller) 장로와 릴리(O. W. Lillie) 장로가 당회에 사표 제출.

1924년 바이올라 방송국(KJS, 750W)을 통해 성경공부 강좌를 방송하기 시작.

1925년 4월 26일 클럽 하우스 성경공부반이 교회를 조직하기로 발표.

1925년 5월 4일 모데스토(Modesto)에서 침례교단(the Baptist Bible Union)을 통해 목사 안수를 받고, 갈보리 교회 담임 목회자로 사역시작.

1925년 8월 갈보리 교회 성가대를 대동하고 로스 엔젤레스에 있는 KJS 방송을 통해 방송 설교시작. 처음에는 별로 반응이 없었음.

1926년 2월21일 41,000달러 예산으로 스페인식 교회당을 건축하여 봉헌함.

1925 아리조나 주 플랙스탑(Flagstaff) 선교(Southwest Bible and Missionary Conference) 강사로 한 주간 동안 집회.

1925년 12월 캘리포니아 리버사이드에서(the Sherman Institute for Indians in Riverside, California) 대규모 집회.

1926년 11월 바이올라 대학의 성경대학을 대표하는 실천신학부 책임자가 됨.

1927년 1월–2월 3주간 복음 전도 캠패인 개최.

1927년 1월–2월 바이올라 실천신학부 사임, 학교 재단 이사 됨.

1928년 2월 워싱턴 주 토켓(Touchet)에서 3 주간의 전도 캠패인.

1928년 가을 로스앤젤레스 침례신학대학원(Los Angeles Seminary) 성서주해 강의 교수 취임.

1929년 2월 10일간 인디아나 폴리스(the Cadle Tabernacle in Indianapolis for the Defenders of the Christian Faith Conference)에서 집회.

1929년 10월 경제 불황 심화, 증권 경제사정 악화됨.

1930년 2월 23일 찰스 풀러의 갈보리 교회 예배 실황을 "오렌지 나라의 소리(The Voice of the Orange Empire)로 저녁 8-9까지 방송을 시작함.

1931년 봄 3개의 방송국을 통하여 주일 방송을 계속하고, 바이올라 방송국을 통해서도 주일 오후 방송을 계속.

1931년 로스앤젤레스 침례신학대 학원(Los Angeles Baptist Seminary)에서 명예 신학박사 학위를 받음.

1931년 9월 경제 불황의 여파로, 많은 재정적인 손실을 봄. 바이올라 재단 이사장직을 내려놓음 그러나 방송 사역은 계속함. 목요일 저녁 KGER 방송국을 통하여 라디오 성경 강좌 시작.

1932년 프로그램 이름을 "라디오 성경 강좌"로 바꿈.

1932년 1월 8일 외아들 다니엘이 기도가 막혀 호흡곤란으로 사경을 헤맴. 임종기도 드림.

1932년 파산을 하지 않기 위해 필사적 노력. 부인 그레이스 대 수술을 받음. 아들 다니엘의 기관지염이 다시 심각해짐.

1933년 3월 5일 갈보리 교회에서 마지막으로 설교. 잠시 안식년을 갖고 방송사역을 구상하기로 함.

1933년 3월 6일 루스벨트 대통령은 모든 은행의 영업을 중지시킴. 차후로 건실한 은행만 영업을 할 수 있게 규정.

1933년 3월 11일 롱비치에 강한 지진이 발생, 115명 사망, 4천만 달러 재산 피해.

1933년 5월 8일 복음 방송협회(Gospel Broadcasting Association) 창립준비 모임을 바이올라 대학에서 가짐. 포시스 박사(Dr. John Forsyth)를 준비의장으로 선출.

1933년 5월 8일 복음 방송협회(Gospel Broadcasting Association) 창립준비 모임을 바이

올라 대학에서 가짐. 포시스 박사(Dr. John Forsyth)를 준비의장으로 선출.
1933년 7월 증시가 최저가로 바닥을 침. 극심한 경제적인 어려움을 겪음.
1933년 8월 기도하는 가운데 스펄전의 선교를 통해 예레미아 33:3의 약속을 받음.
1933년 8월 15일 복음 방송협회(GBA)가 정식으로 캘리포니아 주 정부에 등록.
1933년 12월 14일 남가주 방송국 KGER를 통해 남가주 전역에서 방송을 들을 수 있게 됨.
1934년 봄 올드 패션 부흥의 시간(Old Fashioned Revival Hour) 방송 프로그램을 시작함.
1934년 5월 100명의 기도용사 확보함.
1935년 12월 KNX 방송국을 통해 샌프란시스코 KSFO와 연결하여 북가주 지역까지 방송망을 확대함.
1937년 10월 3일 "라디오 부흥의 시간"이 최초로 미 전역을 커버하는 방송 프로그램이 됨,
1939년 10월 152개의 방송국의 방송망을 연결.
1939년 젊은 복음전도자와 선교사를 훈련하기 위한 학교 설립에 대한 비전을 갖음.
1940년 10월 256개의 방송국의 방송망을 연결.
1939년 청취자 편지에 회신하기 위해 23명의 전담 사무원을 고용하여 사역함.
1942년 가을 456개 방송국의 방송망을 연결.
1942년 "Old Fashioned Revival Hour" 프로그램이 미국 방송 프로그램 중에서 가장 많은 청취자를 확보.
1942년 10월 GBA 이사회는 새로운 신학교 설립을 위해 재단인 '풀러 전도협회(Fuller Evangelistic Associaton)' 를 설립하기로 결정.
1944년 1월 24일 방송국에 지불한 1943년 방송비용이 $1,566,130로, 2위인 일반 방송보다 1.5배 정도의 큰 규모를 가짐.
1944년 여름 풀러전도협회(FEA)를 통하여 풀러 전도 및 선교 신학원(Fuller Seminary of Missions and Evangelism) 설립을 위한 첫 단계 준비 시작.
1947년 5월 13-14일 모두가 믿지 않았으나 9월에 풀러신학교가 개교될 것을 확신.
1947년 9월 풀러신학대학원이 설립되어 시작됨. 오켕게 박사(Okanga)가 초대 총장으로

부임함. Lake Avenue Congregational Church 교육관에서 강의를 시작.

1948년 TV방송이 라디오 청취자들을 흡수함으로, TV 방송에 대해 연구를 시작.

1950년대 매 주일 약 400명 이상이 회심하는 것을 청취자 편지를 통해 확인함.

1950년 가을 28개의 ABC 방송국을 통하여 30분짜리 TV방송인 "The Old Fashioned Meeting" 을 시작.

1953년 9월 풀러신학교 건물이 완공되어 입주함. Oakland Avenue, Pasadena.

1955년 1월 방송사역 30주년을 기념, ABC 방송은 찰스 풀러의 생애에 대한 특별 방송 프로그램을 자체적으로 제작하여 방송.

1955년 5월 17일 2대 카넬(Carnell)총장 부임.

1956년 빌리 그래함(Billy Graham) 목사가 풀러신학교 재단 이사로 봉사 시작.

1957년 미 신학대학원협회(American Association of Theological Seminaries)에서 풀러신학교가 정식 학위 인가(full accreditation) 취득.

1958년 1월 12일 ABC가 방송 프로그램을 30분으로 단축시킴으로 롱비치 시대를 마감하게 됨, 33주년을 기념, 롱비치 오디토리움에서 마지막 기념예배 드림. 이후 방송녹음은 헐리우드 스튜디오에서 제작하기 시작함.

1959년 풀러신학교, 2대 카넬 총장 사임.

1960년 1월 방송사역 35주년 기념식을 가짐. "Old Fashioned Revival Hour"가 그리스도의 복음을 대중 매체를 통하여 최대한 활용한 점을 인정받아 전국 종교방송국이 제정한 '특별 방송상 수상.

1960년 이때까지 풀러신학교에 새로 등록하는 학생의 50% 정도가 찰스 풀러의 방송 설교를 듣고 학교를 찾아 온 학생이었음.

1963년 알란 허바드(Dr. David A. Hubbard) 박사가 3대 총장으로 부임.

1965년 풀러 선교대학원, 심리학 대학원 개원.

1966년 6월 11일 오후 2시 30분, 54년 9개월간의 복된 결혼생활을 마치고, 그레이스 풀러가 먼저 하나님의 부르심을 받음.

1966년 11월 베를린 복음전도 대회에 참석하여 세계 각국의 복음주의 지도자들을 만남. 자신의 방송 사역이 세계 각국에서 놀랍게 열매 맺고 있다는 사실을 확인.

1967년 4월 7일 풀러신학교 개교 20주년 기념행사를 성대하게 거행.

1968년 '풀러전도협회' 는 협회라는 이름에서 발생하는 혼란을 피하기 위해 '풀러 전도 재단 (Fuller Evangelistic Foundation)' 으로 개명.

1968년 3월 18일, 하나님의 부르심을 받음. 글렌데일 포레스트 론(Forest Lawn)에 안장됨.

참고자료

Joel A. Carpenter, Revive Us Again: The Reawakening of American Fundamentalism, New York: Oxford University Press. 1997.

Daniel Fuller, The Story of Charles E. fuller: Give the Winds a Mighty Voice. Waco, Taxes: Word, 1972.

Daniel Fuller, The Unity of the Bible: Understanding God's Plan for Humanity. Grand Rapid, Michagan: Zondervan, 1992.

Grace Payton Fuller com., Heavenly Sunshine: Letters to the "Old Fashioned Revival Hour", Westwood, NJ: Revell, c1956.

Henry Fuller, A Californian Circling the Globe, Los Angeles, CA: Nazarene Publishing Company, 1904.

George Masden, Reforming Fundamentalism: Fuller Seminary and the New Evangelisalism, Grand Rapids, Michagan Eerdmans Publishing, 1995.

Wilbur Smith, A Voice for God: The Life of Charles E. Fuller, Originator of the Old Fashioned Revival Hour, Boston W.A. Wilde Company Publishers, 1949.

Edwin Wright, The Old Fashioned Revival hour and Broadcasters, Boston, Mass: The

Fellowship Press, 1940.

개인 인터뷰

Dick Brown (12살에 아지지를 잃은 후 찰스 풀러 목사님을 아버지로 모심)

Kenneth Brown (롱비치 찬양팀 멤버)

Curt Roberts (New Old Fashioned Revival Hour 방송 책임자)

Daniel Fuller (찰스 풀러 외아들)

Jane Fuller (찰스 풀러 손녀 딸)

Richard Mouw (풀러신학교 현재의 총장)

Kate (Dr. Phillip Goff) (찰스 풀러에 대해 제일 많이 아는 전 풀러 도서관 직원)

사진자료

Charles E. Fuller Library, Pasadena, CA.

Curt Roberts 소장 사진 자료.